Bryn Mawr Greek Commentaries

Euripides' Hippolytus

Richard Hamilton

Bryn Mawr Greek Commentaries

Euripides' Hippolytus

Richard Hamilton

Thomas Library
Bryn Mawr College
Bryn Mawr, Pennsylvania

Copyright ©1980, 1982 by **Bryn Mawr Commentaries**

Manufactured in the United States of America
ISBN 0-929524-10-1
Printed and distributed by
Bryn Mawr Commentaries
Thomas Library
Bryn Mawr College
101 North Merion Avenue
Bryn Mawr, PA 19010-2899

Series Preface

These lexical and grammatical notes are meant not as a full-scale commentary but as a clear and concise aid to the beginning student. The editors have been told to resist their critical impulses and to say only what will help the student read the text. Our commentaries, then, are the beginning of the interpretative process not the end.

We expect that the student will know the basic Attic declensions and conjugations, basic grammar (the common functions of cases and moods; the common types of clauses and conditions), and how to use a dictionary. In general we have tried to avoid duplication of material easily extractable from the lexicon, but we have included help with odd verb forms, and, recognizing that endless page-flipping can be counter-productive, we have provided the occasional bonus of assistance with uncommon vocabulary.

The commentaries are based on the Oxford Classical Text unless otherwise noted. Oxford University Press has kindly allowed us to print its edition of the Greek text in certain cases where we thought it would be particularly beneficial to the student. The bibliography lists a few works in English that have proved helpful as secondary reading.

Production of these texts has been made possible by a generous grant from the Division of Education Programs, the National Endowment for the Humanities. The text was set by Stephen V. F. Waite of Logoi Systems (Hanover, N.H.).

Richard Hamilton   Gregory W. Dickerson
General Editor   Associate Editor
Bryn Mawr Commentaries

Volume Preface

My debt to the edition of W.S. Barrett (Oxford 1964) is evident on every page and is undoubtedly even greater than that. I have ventured to disagree with him in a number of places, which it would be inappropriate in these notes to discuss or even list, but I have always profited from his treatment.

I am indebted as well to my sharp-eyed and learned colleagues Michael Haslam (University of California at Los Angeles), William McCulloh (Kenyon College) and Gilbert Rose (Swarthmore College). Their corrections and additions were invaluable. I wish, finally, to express my gratitude to my two Greek 101 classes who suffered through earlier versions of these notes.

Richard Hamilton
Bryn Mawr, Pa.
October 1980

In this second printing, minor changes have been introduced stemming from my own classroom experiences with the text and those of John Ziolkowski of George Washington University.

R.H.
June 1982

Metrical Note

Greek tragedies are composed of episodes, scenes where characters speak and the plot develops, and odes, songs by the chorus or by an actor. Each element has its own form and appropriate meters.

The normal meter in episodes is iambic trimeter. Each line comprises three metrical units or "metra" of the shape × – u – so a whole line may be diagrammed: × – u – / × – u – / × – u × (where – is occupied by a long syllable, u by a short syllable, and × by either a long or a short syllable).

A syllable is long if it contains (i) a long vowel or a diphthong or (ii) a short vowel followed by two consonants (ζ. ξ. ψ count as double consonants). One or both consonants may belong to the beginning of the following word; but a mute (π. β. φ. κ. γ. χ. τ. δ. θ) followed by a liquid (λ. ρ) or nasal (μ. ν) do not normally count as double consonants.

A syllable is short if it contains a short vowel and is not lengthened by the double consonant rule. The vowels ε and ο are short by nature, η and ω long, and α. ι. υ may be long or short (their natural quantities in the root of any given word are noted in the lexicon). Thus the rhythmic pattern ("scansion") of line 1 of *Hippolytus* is:

```
 –  –  u  –    u  – u | –   u – u  u
πολλὴ μὲν ἐν βροτοῖσι κοὐκ ἀνώνυμος.
```

Metrical license permits the occasional "resolution" of a long syllable into two shorts. Thus the rhythm of line 11 is:

```
 –  u u u   –   – | –  u –   –  – u  u
Ἱππόλυτος. ἁγνοῦ Πιτθέως παιδεύματα.
```

Nearly all lines have word-end after the fifth or seventh position ("caesura," marked with |).

Bibliography

Claus, D., "Phaedra and the Socratic Paradox" *Yale Classical Studies* 22 (1972) 223-38. A full treatment of Phaedra's great speech (esp. 375-90), which has become a major scholarly battlefield.

Dimock, G.E., "Euripides' *Hippolytus*, or Virtue Rewarded," *Yale Classical Studies* 25 (1977) 239-58.

Dodds, E.R., "The ΑΙΔΩΣ of Phaedra and the Meaning of the *Hippolytus*," *Classical Review* 39 (1925) 102-04. Dodds' classic analysis of the main characters.

Frischer, B.D., "*Concordia Discors* and Characterization in Euripides' *Hippolytos*," *Greek Roman and Byzantine Studies* 11 (1970) 85-100. A thorough study of the parallels in thought, action and image between the two main characters.

Knox, B.M.W., "The Hippolytus of Euripides," *Yale Classical Studies* 13 (1952) 1-31. A wide-ranging study of the interaction and definition of the characters in terms of their choices of speech and silence.

Segal, C.P. "The Tragedy of the *Hippolytus*. The Waters of Ocean and the Untouched Meadow," *Harvard Studies in Classical Philology* 70 (1965) 117-69. Primarily a study of the play's imagery (notably water).

SIGLA

M = cod. Marcianus 471,	saec. xii
A = cod. Parisinus 2712,	saec. xiii
B = cod. Parisinus 2713,	saec. xiii
V = cod. Vaticanus 909,	saec. xiii
L = cod. Laurentianus xxxii, 2	saec. xiv ineuntis
P = cod. Palatinus 287 et Laurentianus 172,	saec.xiv

Π = fragmenta papyracea diversa; vide supra, p. xv
K = fragmentum Berolinense a Kirchhoffio editum
H = codex Hierosolymitanus xxxvi, rescriptus
Ambr. = fragmenta Ambrosiana ab Angelo Maio edita

Σ = Scholia a Schwartzio ex codicibus M B C Nap. maximam partem edita :
    ΣV, ΣB et similia scholia in uno tantum codice inventa. Vide supra p. vii

Raro citantur:
O = Laurentianus xxxi, 10, saec. xiv (?)
D = Laurentianus xxxi, 15, saec. xiv
F = Marcianus 468, saec. xiv
N = Marcianus 470, saec. xv
Nap. = Neapolitanus II F 41, saec. xv
Haun. = Hauniensis 417, saec. xv
Apogr. Paris. = apographa codicis L Parisina; quae sunt (1) cod. Parisinus
    2887, 2888, saec. xvi; et (2) cod. Par. 2817, eiusdem fere aetatis

L^1V^1 similibus designantur cuiusque codicis prima manus se ipsa corrigens
    vel scholia scribens; L^2V^2 similibus secunda manus; litteris minusculis (*l, v, b*) manus recentiores correctrices
Notis codd. et rell. (= reliqui), *nullos praeter* M A B V L P *respeximus*
γρ. = γράφεται, i.e. varia lectio in libris aut scholiis memorata

ΙΠΠΟΛΥΤΟΣ

ΑΦΡΟΔΙΤΗ

Πολλὴ μὲν ἐν βροτοῖσι κοὐκ ἀνώνυμος,
θεὰ κέκλημαι Κύπρις, οὐρανοῦ τ' ἔσω·
ὅσοι τε Πόντου τερμόνων τ' Ἀτλαντικῶν
ναίουσιν εἴσω φῶς ὁρῶντες ἡλίου,
τοὺς μὲν σέβοντας τἀμὰ πρεσβεύω κράτη, 5
σφάλλω δ' ὅσοι φρονοῦσιν εἰς ἡμᾶς μέγα.
ἔνεστι γὰρ δὴ κἀν θεῶν γένει τόδε·
τιμώμενοι χαίρουσιν ἀνθρώπων ὕπο.
δείξω δὲ μύθων τῶνδ' ἀλήθειαν τάχα·
ὁ γάρ με Θησέως παῖς, Ἀμαζόνος τόκος, 10
Ἱππόλυτος, ἁγνοῦ Πιτθέως παιδεύματα,
μόνος πολιτῶν τῆσδε γῆς Τροζηνίας
λέγει κακίστην δαιμόνων πεφυκέναι,
ἀναίνεται δὲ λέκτρα κοὐ ψαύει γάμων·
Φοίβου δ' ἀδελφὴν Ἄρτεμιν, Διὸς κόρην, 15
τιμᾷ, μεγίστην δαιμόνων ἡγούμενος·
χλωρὰν δ' ἀν' ὕλην παρθένῳ ξυνὼν ἀεὶ
κυσὶν ταχείαις θῆρας ἐξαιρεῖ χθονός,
μείζω βροτείας προσπεσὼν ὁμιλίας.
τούτοισι μέν νυν οὐ φθονῶ· τί γάρ με δεῖ; 20
ἃ δ' εἰς ἔμ' ἡμάρτηκε, τιμωρήσομαι

Ἱππόλυτος inscripta est haec fabula in M B V: ἱππόλυτος στεφανη-
φόρος in A P *l* : Φαίδρα in L   12 Τροιζηνίας codd. semper: correxit
Wilamowitz   18 ἐξαιρεῖ L in marg. P: ἐξαίρει M A B V L
19 προσπεσών] προστυχὼν γρ. *l*   ὁμιλίαν Porson (et *l* ?)   20 νυν
(νῦν, M A B et, ut videtur, L: οὖν L² V: γ' οὖν P

ΕΥΡΙΠΙΔΟΥ

Ἱππόλυτον ἐν τῇδ' ἡμέρᾳ· τὰ πολλὰ δὲ
πάλαι προκόψασ'—οὐ πόνου πολλοῦ με δεῖ.
ἐλθόντα γάρ νιν Πιτθέως ποτ' ἐκ δόμων
σεμνῶν ἐς ὄψιν καὶ τέλη μυστηρίων   25
Πανδίονος γῆν, πατρὸς εὐγενὴς δάμαρ
ἰδοῦσα Φαίδρα καρδίαν κατέσχετο
ἔρωτι δεινῷ τοῖς ἐμοῖς βουλεύμασιν.
καὶ πρὶν μὲν ἐλθεῖν τήνδε γῆν Τροζηνίαν,
πέτραν παρ' αὐτὴν Παλλάδος, κατόψιον   30
γῆς τῆσδε, ναὸν Κύπριδος ἐγκαθίσατο,
ἐρῶσ' ἔρωτ' ἔκδημον· Ἱππολύτῳ δ' ἔπι
τὸ λοιπὸν ὠνόμαζ' ἐνιδρῦσθαι θεάν.
ἐπεὶ δὲ Θησεὺς Κεκροπίαν λείπει χθόνα,
μίασμα φεύγων αἵματος Παλλαντιδῶν,   35
καὶ τήνδε σὺν δάμαρτι ναυστολεῖ χθόνα,
ἐνιαυσίαν ἔκδημον αἰνέσας φυγήν,
ἐνταῦθα δὴ στένουσα κἀκπεπληγμένη
κέντροις ἔρωτος ἡ τάλαιν' ἀπόλλυται
σιγῇ· ξύνοιδε δ' οὔτις οἰκετῶν νόσον.   40
ἀλλ' οὔτι ταύτῃ τόνδ' ἔρωτα χρὴ πεσεῖν·
δείξω δὲ †Θησεῖ πρᾶγμα†, κἀκφανήσεται.
καὶ τὸν μὲν ἡμῖν πολέμιον νεανίαν
κτενεῖ πατὴρ ἀραῖσιν, ἃς ὁ πόντιος
ἄναξ Ποσειδῶν ὤπασεν Θησεῖ γέρας,   45
μηδὲν μάταιον ἐς τρὶς εὔξασθαι θεῷ.

27 κατέσχετο codd. et Σ: κατεσχέθη suprascr. L²: κατείχετο Musgrave   29–33 delet post Hartungium O. Jahn   30 πέτραν L P: πέτρην rell.   31 ἐγκαθίσατο M B V P: ἐγκαθείσατο A L   32 ἔκδημον M A L² P Σ: ἔκδηλον V L: utrumque B   33 ὠνόμαζεν ἰδρῦσθαι codd., corr. Verrall (sc. *defixit Amorem ne amplius ἐκδημοίη*): ὠνόμαζον … θεά Weil (θεάν Σ)   34 λίπε P (λίποι *l*)   χθόνα] aut hic aut v. 36 πόλιν commendat Wecklein   36 τήνδε] τῇδε M V B: corr. V² B²   37 ἐνιαυσίαν A L P: ἐνιαύσιον M V B   40 σύνοιδε δ' M A V B: ξύνοιδεν L P   οὔτις] οὐδεὶς L Haun.   41 ταύτῃ A L P γρ. *v*: ταύτης M V B   χρή L P: δεῖ rell.   42 Θησεῖ πρᾶγμα corrupta: Θησεῖ δὲ δείξω V unde conicere possis δείξω δὲ δείξω: δείξω δὲ Θησέως παιδὶ Wilamowitz   43 νεανίαν] πεφυκότα L P (et V²?)

ΙΠΠΟΛΥΤΟΣ

ἡ δ' εὐκλεὴς μέν, ἀλλ' ὅμως ἀπόλλυται,
Φαίδρα· τὸ γὰρ τῆσδ' οὐ προτιμήσω κακὸν
τὸ μὴ οὐ παρασχεῖν τοὺς ἐμοὺς ἐχθροὺς ἐμοὶ
δίκην τοσαύτην ὥστ' ἐμοὶ καλῶς ἔχειν. 50
ἀλλ', εἰσορῶ γὰρ τόνδε παῖδα Θησέως
στείχοντα, θήρας μόχθον ἐκλελοιπότα,
Ἱππόλυτον, ἔξω τῶνδε βήσομαι τόπων.
πολὺς δ' ἅμ' αὐτῷ προσπόλων ὀπισθόπους
κῶμος λέλακεν, Ἄρτεμιν τιμῶν θεὰν 55
ὕμνοισιν· οὐ γὰρ οἶδ' ἀνεῳγμένας πύλας
Ἅιδου, φάος δὲ λοίσθιον βλέπων τόδε.

ΙΠΠΟΛΥΤΟΣ

ἕπεσθ' ἀείδοντες ἕπεσθε
τὰν Διὸς οὐρανίαν
Ἄρτεμιν, ᾇ μελόμεσθα. 60

ΧΟΡΟΣ ΚΥΝΗΓΩΝ

πότνια πότνια σεμνοτάτα,
Ζανὸς γένεθλον,
χαῖρε, χαῖρέ μοι, ὦ κόρα
Λατοῦς Ἄρτεμι καὶ Διός, 65
καλλίστα πολὺ παρθένων,
ἃ μέγαν κατ' οὐρανὸν
ναίεις εὐπατέρειαν αὐ-
λάν, Ζηνὸς πολύχρυσον οἶκον.
χαῖρέ μοι, ὦ καλλίστα καλ- 70

48 καλὸν L, sed λ ex κ correcto   50 ὥστε μοι M A B   53 τόπων]
δόμων P   55 θεὸν L P   56 ἐῳγμένας Lenting   57 δὲ]
τε L   Aut βλέπον aut βλέπει A : τόδε βλέπων L P   58 ἀεί-
δοντες M² L P (M etiam in Scholl.): ἄδοντες vel ᾄδοντες M A B V
60 Ἄρτεμιν bis L P   61 ΧΟΡΟΣ ΚΥΝΗΓΩΝ scripsi : χορὸς τῶν
κυνηγῶν D: χορός M A B V L P (οἱ ἀπὸ τοῦ χοροῦ ἤγουν οἱ συνεπόμενοι
τῷ Ἱππολύτῳ κυνηγέται audiunt in Σ)   63 ζηνὸς L P corr. L²
64 sic A : prius χαῖρε om. M V B : χαῖρέ μοι ὦ κόρα χαῖρέ μοι L P
65 καὶ] παῖ L : corr. l   67 seq. ἃ . . . ναίεις M A B V : αἲ . . .
ναίετ' L P : αἰγλάεντα κατ' οὐρανὸν ναίουσ' Cobet   70 Hippolyti
notam praef. V et Haun.

ΕΥΡΙΠΙΔΟΥ

λίστα τῶν κατ᾽ Ὄλυμπον.
[παρθένων, Ἄρτεμι.]

Ιπ. σοὶ τόνδε πλεκτὸν στέφανον ἐξ ἀκηράτου
λειμῶνος, ὦ δέσποινα, κοσμήσας φέρω,
ἔνθ᾽ οὔτε ποιμὴν ἀξιοῖ φέρβειν βοτὰ 75
οὔτ᾽ ἦλθέ πω σίδαρος, ἀλλ᾽ ἀκήρατον
μέλισσα λειμῶν᾽ ἠρινὴ διέρχεται,
Αἰδὼς δὲ ποταμίαισι κηπεύει δρόσοις·
ὅσοις διδακτὸν μηδέν, ἀλλ᾽ ἐν τῇ φύσει
τὸ σωφρονεῖν εἴληχεν ἐς τὰ πάνθ᾽ ὁμῶς, 80
τούτοις δρέπεσθαι, τοῖς κακοῖσι δ᾽ οὐ θέμις.
ἀλλ᾽, ὦ φίλη δέσποινα, χρυσέας κόμης
ἀνάδημα δέξαι χειρὸς εὐσεβοῦς ἄπο.
μόνῳ γάρ ἐστι τοῦτ᾽ ἐμοὶ γέρας βροτῶν·
σοὶ καὶ ξύνειμι καὶ λόγοις ἀμείβομαι, 85
κλύων μὲν αὐδήν, ὄμμα δ᾽ οὐχ ὁρῶν τὸ σόν.
τέλος δὲ κάμψαιμ᾽ ὥσπερ ἠρξάμην βίου.

ΘΕΡΑΠΩΝ

ἄναξ—θεοὺς γὰρ δεσπότας καλεῖν χρεών—
ἆρ᾽ ἄν τί μου δέξαιο βουλεύσαντος εὖ;
Ιπ. καὶ κάρτα γ᾽· ἦ γὰρ οὐ σοφοὶ φαινοίμεθ᾽ ἄν. 90
Θε. οἶσθ᾽ οὖν βροτοῖσιν ὃς καθέστηκεν νόμος ...
Ιπ. οὐκ οἶδα· τοῦ δὲ καί μ᾽ ἀνιστορεῖς πέρι;
Θε. μισεῖν τὸ σεμνὸν καὶ τὸ μὴ πᾶσιν φίλον.

72 παρθένων Ἄρτεμι delet Nauck: om. Haun. adscripta post Ὄλυμπον glossa θεῶν: παρθένος Ἄρτεμι Wilamowitz 76 οὔτ᾽ Orion flor. iii. 3: οὐδ᾽ codd σίδαρος M A B V D O et ΣV ΣB: σίδηρος L P suprascr. V ἀκήρατος A¹ (aut Λ²) ex ἀκήρατον 77 ἐαρινὴ Valckenaer, e ΣV ΣB: ἐαρινὸν M A B V et codex Nap. Scholiorum: ἠρινὸν L P 79, 80 ὅσοις] ὅστις Porson. Sed τὸ σωφρ. nom. casu dicitur: 'Castitas eos sortita est' 80 πάνθ᾽ ὅμως M A B V (ὁμῶς B²): πάντ᾽ ἀεί L P. Cf Bacch. 316 85 λόγοις σ᾽ O (λόγοισ᾽ M) 86 αὐδήν M A V L¹ (aut L²): αὐδῆς A² L (ante ras.) P ὁρῶν A B L (aut L²) P: ὁρῶ M V 88 θεράπων] hic omnes: mox οἰκέτης M V: lineolas vv. 92-108 praef. L 91 ὃς] ex ὡς vel οἷς correctum in A: ὡς Nauck

ΙΠΠΟΛΥΤΟΣ

Ιπ. ὀρθῶς γε· τίς δ' οὐ σεμνὸς ἀχθεινὸς βροτῶν;
Θε. ἐν δ' εὐπροσηγόροισιν ἔστι τις χάρις; 95
Ιπ. πλείστη γε, καὶ κέρδος γε σὺν μόχθῳ βραχεῖ.
Θε. ἦ κἂν θεοῖσι ταὐτὸν ἐλπίζεις τόδε;
Ιπ. εἴπερ γε θνητοὶ θεῶν νόμοισι χρώμεθα.
Θε. πῶς οὖν σὺ σεμνός, δαίμον' οὐ προσεννέπων . . .
Ιπ. τίν'; εὐλαβοῦ δὲ μή τί σου σφαλῇ στόμα. 100
Θε. τήνδ', ἢ πύλαισι σαῖς ἐφέστηκεν Κύπρις.
Ιπ. πρόσωθεν αὐτὴν ἁγνὸς ὢν ἀσπάζομαι.
Θε. σεμνός γε μέντοι κἀπίσημος ἐν βροτοῖς.
Ιπ. ἄλλοισιν ἄλλος θεῶν τε κἀνθρώπων μέλει.
Θε. εὐδαιμονοίης νοῦν ἔχων ὅσον σε δεῖ. 105
Ιπ. οὐδείς μ' ἀρέσκει νυκτὶ θαυμαστὸς θεῶν.
Θε. τιμαῖσιν, ὦ παῖ, δαιμόνων χρῆσθαι χρεών.
Ιπ. χωρεῖτ', ὀπαδοί, καὶ παρελθόντες δόμους
σίτων μέλεσθε· τερπνὸν ἐκ κυναγίας
τράπεζα πλήρης· καὶ καταψήχειν χρεὼν 110
ἵππους, ὅπως ἂν ἅρμασιν ζεύξας ὕπο
βορᾶς κορεσθεὶς γυμνάσω τὰ πρόσφορα.
τὴν σὴν δὲ Κύπριν πόλλ' ἐγὼ χαίρειν λέγω.
Θε. ἡμεῖς δέ—τοὺς νέους γὰρ οὐ μιμητέον,
φρονοῦντας οὕτως—ὡς πρέπει δούλοις λέγειν, 115
προσευξόμεσθα τοῖσι σοῖς ἀγάλμασιν,
δέσποινα Κύπρι. χρὴ δὲ συγγνώμην ἔχειν,
εἴ τίς σ' ὑφ' ἥβης σπλάγχνον ἔντονον φέρων

99 σὺ σεμνός, Eldick : σὺ σεμνὴν M A B V : σεμνὴν σὺ L : σεμνὴν P προσεννέπων scripsi : προσεννέπεις codd.   100 σου M V B A¹ in ras. : σὸν A P et fortasse L   101 πύλῃσι L P   κύπριν A¹ in ras. B²   102 ἄπωθεν Plut. Mor. 778 A   103 σεμνός scripsi : σεμνή codd.   105 οἷον Wakefield   σε δεῖ A L P : γ' ἔδει M B : γε δεῖ V   104-107 diverse inter se transponunt Wecklein Gomperz Vitelli ut v. 105 finis colloquio imponatur   110 καταψύχειν Haun. et η suprascripto V   111 ἅρματι V   115 φρονοῦντας L P : φρονοῦντες M A B V l   116 προσευξόμεσθα M A B Σ : προσευχόμεσθα L P V (-μεθα V)   118 εἴ τις δ' L² P   ἔντονον V L : εὔτονον M A B P suprascr. v

ΕΥΡΙΠΙΔΟΥ

μάταια βάζει· μὴ δόκει τούτων κλύειν·
σοφωτέρους γὰρ χρὴ βροτῶν εἶναι θεούς.   120

ΧΟΡΟΣ

Ὠκεανοῦ τις ὕδωρ στάζουσα πέτρα λέγεται,   [στρ.
βαπτὰν κάλπισι ῥυτὰν πα-
γὰν προιεῖσα κρημνῶν·
ὅθι μοί τις ἦν φίλα   125
πορφύρεα φάρεα
ποταμίᾳ δρόσῳ
τέγγουσα, θερ-
μᾶς δ' ἐπὶ νῶτα πέτρας εὐ-
αλίου κατέβαλλ'· ὅθεν
μοι πρῶτα φάτις ἦλθε δεσποίνας·   130

τειρομέναν νοσερᾷ κοίτᾳ δέμας ἐντὸς ἔχειν
οἴκων, λεπτὰ δὲ φάρη ξάν-
θαν κεφαλὰν σκιάζειν·
τριτάταν δέ νιν κλύω   135
τάνδ' ἀβρωσίᾳ
στόματος ἀμέραν
Δάματρος ἀ-
κτᾶς δέμας ἁγνὸν ἴσχειν, κρυ-
πτῷ πένθει θανάτου θέλου-
σαν κέλσαι ποτὶ τέρμα δύστανον.   140

119 τούτων L P V Σ : τούτου M A B L² 120 χρὴ M A B V : δεῖ L P. Cf. v. 41 125 τόθι in ras. scripsit *l* 126 φάρη Hartung : sed satis patet πορφύρεα trisyllabum esse et disyllabum φάρεα. Cf. v. 363 (φάρεα πορφύρεα Hermann) 127 δρόσον L, ut videtur : corr. *l* 129 κατέβαλλ' Burges (κατέβαλλεν D) : κατέβαλ' M A B : κατέβαλεν V L P 130 δεσποίνας M B et primitus A : δέσποιναν L P A¹ B² V : utrumque Σ 131 τειρομένα M N κοίτᾳ om. M, et primitus A : post ἔχειν habet O ἔντοσθεν M A B N 133 οἴκων δὲ λεπτὰ B et ut vid. M : corr. M² φάρη M A : φάρεα M² B V L P 136 τάνδ' ἀβρωσίᾳ Hartung : τάνδε (vel τᾶνδε) κατ' ἀμβροσίου codd. : ἑκὰς ἀμβροσίου Reiske 139 πάθει Burges 140 δύστανον L P B : δύστηνον rell.

ΙΠΠΟΛΥΤΟΣ

— ἢ σὺ γ' ἔνθεος, ὦ κούρα, [στρ.
εἴτ' ἐκ Πανὸς εἴθ' Ἑκάτας
ἢ σεμνῶν Κορυβάντων φοι-
τᾷς ἢ ματρὸς ὀρείας;
— σὺ δ' ἀμφὶ τὰν πολύθηρον Δί- 145
κτυνναν ἀμπλακίαις ἀνίε-
ρος ἀθύτων πελάνων τρύχῃ;
φοιτᾷ γὰρ καὶ διὰ λίμνας
χέρσον θ' ὑπὲρ πελάγους
δίναις ἐν νοτίαις ἄλμας. 150

— ἢ πόσιν, τὸν Ἐρεχθειδᾶν [ἀντ.
ἀρχαγόν, τὸν εὐπατρίδαν,
ποιμαίνει τις ἐν οἴκοις κρυ-
πτὰ κοίτα λεχέων σῶν;
— ἢ ναυβάτας τις ἔπλευσεν Κρή- 155
τας ἔξορμος ἀνὴρ λιμένα
τὸν εὐξεινότατον ναύταις,
φήμαν πέμπων βασιλείᾳ,
λύπᾳ δ' ὑπὲρ παθέων
εὐναία δέδεται ψυχά; 160

— φιλεῖ δὲ τᾷ δυστρόπῳ γυναικῶν [ἐπῳδ.
ἁρμονίᾳ κακὰ δύστανος ἀμηχανία συνοικεῖν,

141-170 paragraphos addidi   141 ἢ σύγ' Metzger : σὺ γὰρ codd. : οὐ γὰρ Lachmann   ἀντὶ τοῦ ὦ κούρα τινὲς τὸ φοιτᾶς γράφουσιν Σ (falso)   144 φοιτᾶς ἢ μ. ὀ. Bothe : φοιτᾶς Σ incertum quo versus loco : ἢ μ. ὀ. φοιτᾶς M N : ἢ μ. ὀ. φοιταλέου φοιτᾶς Haun. : ἢ μ. ὀ. φοιταλέου rell.   ὀρείας V : οὐρείας rell.   146 Δίκτυνναν V L D (et M?): cf. v. 1130   146, 147 ἄθυτος ἀνίρων Weil   149 Per siccum maris h. e. per Limnam   150 δίναις ἐν M A B : δίναισι V L P   νοτίοις Wecklein   152 τῶν εὐπατριδᾶν Wilamowitz   153 ποιμαίνει M et Σ et ut vid. A (ποιμένει D) : πημαίνει V L P B   τίς ἔνοικος V 154 κρυπτὰ κοίτα et -τᾳ -τα Σ : dativum codd.   156 ἀνήρ] τις ἀνὴρ L P 158 φήμην M A   159 ὑπερπαθέουσ' Bruhn   160 εὐναία M A V L P γρ. Σ : εὐναίᾳ B Σ   δέδεσαι suprascr. A   ψυχά M A L V² Σ : ψυχᾷ vel ψυχᾶ V P B : ψυχάν D et alter Σ   161 δυστρόφῳ L (corr. l) : utrumque Σ   162 κακὰ M² L P : κακᾷ M A B V : κακᾷ et κάκα (κάκωσις) Σ   κάκα ... ἀμηχανίᾳ Wilamowitz   163 ἀμηχανίᾳ M (ἀμηχανία Σ)

ΕΥΡΙΠΙΔΟΥ

ὠδίνων τε καὶ ἀφροσύνας.
δι' ἐμᾶς ᾖξέν ποτε νηδύος ἅδ' 165
αὔρα. τὰν δ' εὔλοχον οὐρανίαν
τόξων μεδέουσαν αὐτεύν
Ἄρτεμιν, καί μοι πολυζήλωτος αἰεὶ
σὺν θεοῖσι φοιτᾷ.

— ἀλλ' ἥδε τροφὸς γεραιὰ πρὸ θυρῶν 170
τήνδε κομίζουσ' ἔξω μελάθρων·
[στυγνὸν δ' ὀφρύων νέφος αὐξάνεται.]
τί ποτ' ἔστι μαθεῖν ἔραται ψυχή,
τί δεδήληται
δέμας ἀλλόχροον βασιλείας. 175

ΤΡΟΦΟΣ

ὦ κακὰ θνητῶν στυγεραί τε νόσοι.
τί σ' ἐγὼ δράσω; τί δὲ μὴ δράσω;
τόδε σοι φέγγος λαμπρόν, ὅδ' αἰθήρ·
ἔξω δὲ δόμων ἤδη νοσερᾶς
δέμνια κοίτης. 180
δεῦρο γὰρ ἐλθεῖν πᾶν ἔπος ἦν σοι·
τάχα δ' ἐς θαλάμους σπεύσεις τὸ πάλιν.
ταχὺ γὰρ σφάλλῃ κοὐδενὶ χαίρεις,
οὐδέ σ' ἀρέσκει τὸ παρόν, τὸ δ' ἀπὸν
φίλτερον ἡγῇ. 185
κρεῖσσον δὲ νοσεῖν ἢ θεραπεύειν·
τὸ μέν ἐστιν ἁπλοῦν, τῷ δὲ συνάπτει
λύπη τε φρενῶν χερσίν τε πόνος.
πᾶς δ' ὀδυνηρὸς βίος ἀνθρώπων,
κοὐκ ἔστι πόνων ἀνάπαυσις. 190

167 ἄρτεμιν αὐτεύν V L P   172 hunc v. post 180 trai. Wilamowitz   173 ἐρᾶι ταῖ M : ἔραται M² V   ψυχῇ V : ψυχὰ A L P : ψυχᾶι M B   178 λαμπρὸς M A   180 κοίτας B V L P   184 οὐδέν σ' V L P   187 τὸ δὲ M² (τῷ δὲ M)   190 om. L P N : add. l

ΙΠΠΟΛΥΤΟΣ

ἀλλ' ὅ τι τοῦ ζῆν φίλτερον ἄλλο
σκότος ἀμπίσχων κρύπτει νεφέλαις.
τοῦ δ' ὅ τι τοῦτο στίλβει κατὰ γῆν   194
δυσέρωτες δὴ φαινόμεθ' ὄντες,   193
δι' ἀπειροσύνην ἄλλου βιότου   195
κοὐκ ἀπόδειξιν τῶν ὑπὸ γαίας·
μύθοις δ' ἄλλως φερόμεσθα.

ΦΑΙΔΡΑ

ἄρατέ μου δέμας, ὀρθοῦτε κάρα·
λέλυμαι μελέων σύνδεσμα φίλων.
λάβετ' εὐπήχεις χεῖρας, πρόπολοι.   200
βαρύ μοι κεφαλᾶς ἐπίκρανον ἔχειν·
ἄφελ', ἀμπέτασον βόστρυχον ὤμοις.

Τρ. θάρσει, τέκνον, καὶ μὴ χαλεπῶς
μετάβαλλε δέμας.
ῥᾷον δὲ νόσον μετά θ' ἡσυχίας   205
καὶ γενναίου λήματος οἴσεις·
μοχθεῖν δὲ βροτοῖσιν ἀνάγκη.

Φα. αἰαῖ·
πῶς ἂν δροσερᾶς ἀπὸ κρηνῖδος
καθαρῶν ὑδάτων πῶμ' ἀρυσαίμαν,
ὑπό τ' αἰγείροις ἔν τε κομήτῃ   210
λειμῶνι κλιθεῖσ' ἀναπαυσαίμαν;

Τρ. ὦ παῖ, τί θροεῖς;
οὐ μὴ παρ' ὄχλῳ τάδε γηρύσῃ

191 τοῦ ζῆν] τούτου Schol. Ar. Ran. 1082   192 ἀμπίσχον L P suprascr. A²   193, 194 transposui   194 τοῦδ' V L P Σ : τοῦθ' M A : ταῦθ' B et L marg.   γᾶν A   195 ἀπειροσύνην V L : -αν rell.   196 γαῖαν A suprascr. B   198 ἄρατε L V P : αἴρετε M A² L² B (αἴρετε B²)   199 φίλων M V² (qui συνδέσμων) O : φίλαι A B V L P   200 πρόπολοι l : πρόσπολοι codd.   201 βαρύ μου L P   κεφαλᾶς A : -λῆς rell.   202 ὤμοις] γρ. φεῦ φεῦ Σ ('i. e. addebant histriones' Wilamowitz) : unde ὤμοι M² Haun. : οἴμοι P   203 ἒ ἔ L P   209 πῶμ' M² (πῶ* M) : πόμ' rell.   ἀρυσαίμαν L : -μην rell.   210, 211 om. L sed add. ipse   211 ἀναπαυσαίμαν L P : -μην rell.

ΕΥΡΙΠΙΔΟΥ

μανίας ἔποχον ῥίπτουσα λόγον;
Φα. πέμπετέ μ' εἰς ὄρος· εἶμι πρὸς ὕλαν 215
καὶ παρὰ πεύκας, ἵνα θηροφόνοι
στείβουσι κύνες
βαλιαῖς ἐλάφοις ἐγχριμπτόμεναι·
πρὸς θεῶν, ἔραμαι κυσὶ θωΰξαι
καὶ παρὰ χαίταν ξανθὰν ῥῖψαι 220
Θεσσαλὸν ὅρπακ', ἐπίλογχον ἔχουσ'
ἐν χειρὶ βέλος.
Τρ. τί ποτ', ὦ τέκνον, τάδε κηραίνεις;
τί κυνηγεσίων καὶ σοὶ μελέτη;
τί δὲ κρηναίων νασμῶν ἔρασαι; 225
πάρα γὰρ δροσερὰ πύργοις συνεχὴς
κλιτύς, ὅθεν σοι πῶμα γένοιτ' ἄν.
Φα. δέσποιν' ἁλίας Ἄρτεμι Λίμνας
καὶ γυμνασίων τῶν ἱπποκρότων,
εἴθε γενοίμαν ἐν σοῖς δαπέδοις, 230
πώλους Ἐνέτας δαμαλιζομένα.
Τρ. τί τόδ' αὖ παράφρων ἔρριψας ἔπος;
νῦν δὴ μὲν ὄρος βᾶσ' ἐπὶ θήρας
πόθον ἐστέλλου, νῦν δ' αὖ ψαμάθοις
ἐπ' ἀκυμάντοις πώλων ἔρασαι. 235
τάδε μαντείας ἄξια πολλῆς,
ὅστις σε θεῶν ἀνασειράζει
καὶ παρακόπτει φρένας, ὦ παῖ.

215 ὕλαν A L : ὕλην rell. 218 ἐγχριπτόμεναι V L : om.
P. Videtur invenisse ἐγχριπτομένα Plut. Mor. 52 B (-μεναι Σ)
220 χαίταν omnes ξανθὰν L Haun. : ξανθὴν rell. 221 ὅρπηκ' A
224 μελέτη A V : μελέτης M B L P V² Σ (μέτα σοὶ μελέτης Kirchhoff)
227 πῶμα M : πόμα rell. 228 δέσποιν' ἁλίας A V B² L² : δέσποινα
δίας M B L P : ὦ δέσποινα τῆς ἰσοπέδου Λίμνης Σ, unde δμαλᾶς Hartung
231 δαμαλιζομένα M L : δαμαζομένα A B V P 232 παράφρων
V et Σ : παράφρον M B V² L P : παράφρον' A 233 νῦν μὲν δὴ V
θήρας M B V, sed correx. ipsi 234 πόθον V, A in ras., B² :
πόθεν M B L P. Utrumque Σ 235 πώλοις M B : corr. M² vel
m B²

ΙΠΠΟΛΥΤΟΣ

Φα. δύστηνος ἐγώ, τί ποτ' εἰργασάμην;
ποῖ παρεπλάγχθην γνώμης ἀγαθῆς; 240
ἐμάνην, ἔπεσον δαίμονος ἄτῃ.
φεῦ φεῦ, τλήμων.
μαῖα, πάλιν μου κρύψον κεφαλήν,
αἰδούμεθα γὰρ τὰ λελεγμένα μοι.
κρύπτε· κατ' ὄσσων δάκρυ μοι βαίνει, 245
καὶ ἐπ' αἰσχύνην ὄμμα τέτραπται.
τὸ γὰρ ὀρθοῦσθαι γνώμην ὀδυνᾷ·
τὸ δὲ μαινόμενον κακόν· ἀλλὰ κρατεῖ
μὴ γιγνώσκοντ' ἀπολέσθαι.
Τρ. κρύπτω· τὸ δ' ἐμὸν πότε δὴ θάνατος 250
σῶμα καλύψει;
πολλὰ διδάσκει μ' ὁ πολὺς βίοτος.
χρῆν γὰρ μετρίας εἰς ἀλλήλους
φιλίας θνητοὺς ἀνακίρνασθαι
καὶ μὴ πρὸς ἄκρον μυελὸν ψυχῆς, 255
εὔλυτα δ' εἶναι στέργηθρα φρενῶν
ἀπό τ' ὤσασθαι καὶ ξυντεῖναι.
τὸ δ' ὑπὲρ δισσῶν μίαν ὠδίνειν
ψυχὴν χαλεπὸν βάρος, ὡς κἀγὼ
τῆσδ' ὑπεραλγῶ. 260
βιότου δ' ἀτρεκεῖς ἐπιτηδεύσεις
φασὶ σφάλλειν πλέον ἢ τέρπειν
τῇ θ' ὑγιείᾳ μᾶλλον πολεμεῖν.
οὕτω τὸ λίαν ἧσσον ἐπαινῶ
τοῦ μηδὲν ἄγαν· 265
καὶ ξυμφήσουσι σοφοί μοι.

239 δύστηνος N et teste Furia D : δύστανος rell.   εἰργασάμαν Β :
-μην rell.   240 γνώμας Β et lemma Σ   242 τλῆμον Μ A² N.
Hic incipit K   243 κεφαλήν V D : -αν rell.   245 δάκρυ l :
δάκρυα codd. et Σ   247 γνώμαν L P   252 πολλὰ δὲ διδάσκει et
βίος L P   253 seq. μετρίαν... φιλίαν θνατοὺς Plut. Mor. p. 95 E
254 βροτοὺς V   ἀνακρίνασθαι Μ et ante corr. V   256 θέλγητρα
Plutarchus   262 φημὶ Kurtz (φασὶ Σ)   265 om. L : add. L²

ΕΥΡΙΠΙΔΟΥ

Χο. γύναι γεραιά, βασιλίδος πιστὴ τροφὲ
   Φαίδρας, ὁρῶμεν τάσδε δυστήνους τύχας,
   ἄσημα δ' ἡμῖν ἥτις ἐστὶν ἡ νόσος·
   σοῦ δ' ἂν πυθέσθαι καὶ κλύειν βουλοίμεθ' ἄν. 270
Τρ. οὐκ οἶδ' ἐλέγχους· οὐ γὰρ ἐννέπειν θέλει.
Χο. οὐδ' ἥτις ἀρχὴ τῶνδε πημάτων ἔφυ;
Τρ. ἐς ταὐτὸν ἥκεις· πάντα γὰρ σιγᾷ τάδε.
Χο. ὡς ἀσθενεῖ τε καὶ κατέξανται δέμας.
Τρ. πῶς δ' οὔ, τριταίαν γ' οὖσ' ἄσιτος ἡμέραν; 275
Χο. πότερον ὑπ' ἄτης ἢ θανεῖν πειρωμένη;
Τρ. θανεῖν; ἀσιτεῖ γ' εἰς ἀπόστασιν βίου.
Χο. θαυμαστὸν εἶπας, εἰ τάδ' ἐξαρκεῖ πόσει.
Τρ. κρύπτει γὰρ ἥδε πῆμα κοὔ φησιν νοσεῖν.
Χο. ὁ δ' ἐς πρόσωπον οὐ τεκμαίρεται βλέπων; 280
Τρ. ἔκδημος ὢν γὰρ τῆσδε τυγχάνει χθονός.
Χο. σὺ δ' οὐκ ἀνάγκην προσφέρεις, πειρωμένη
   νόσον πυθέσθαι τῆσδε καὶ πλάνον φρενῶν;
Τρ. ἐς πάντ' ἀφῖγμαι κοὐδὲν εἴργασμαι πλέον·
   οὐ μὴν ἀνήσω γ' οὐδὲ νῦν προθυμίας, 285
   ὡς ἂν παροῦσα καὶ σύ μοι ξυμμαρτυρῇς
   οἷα πέφυκα δυστυχοῦσι δεσπόταις.
   ἄγ', ὦ φίλη παῖ, τῶν πάροιθε μὲν λόγων
   λαθώμεθ' ἄμφω, καὶ σύ θ' ἡδίων γενοῦ
   στυγνὴν ὀφρὺν λύσασα καὶ γνώμης ὁδόν, 290
   ἐγώ θ' ὅπῃ σοι μὴ καλῶς τόθ' εἰπόμην

267 post τροφέ interpungit M   268 τἀσδε primitus M : τῆσδε Markland   269 ἡμῖν ἐστὶν ἥτις L   271 sqq. pro τροφ. habet θερά. M, excepto v. 310 ubi τροφ. (τροφ. etiam K)   271 ἐλέγχους V : ἐλέγχουσ' A B L P Σ : ἐννέπουσ' M   272 δωμάτων M : δειμάτων M² (πη in ras. B¹)   273 τοῦτον K   ἥκεις A L P : ἥκει M V K. Utrumque Σ et B   275 τριταίαν γ' K L P B : τριταίαν M A V   277 θανεῖν; scripsi : θανεῖν· codd. (οὐκ οἶδ' Wilamowitz)   γ' Purgold : δ' codd.   279, 280 delet Barthold   280 ὅδ' plerique (ex οὐδ' corr. L)   283 πλάνην A   284 πάντ' K A L P : πᾶν M V B (πολλοὺς τρόπους interpr. Σ)   285 γρ. τὴν ἐμὴν προθυμίαν Σ B   288 ἄγ'] ἀλλ' L P   291 ἐγώ θ' codd. et Σ : ἐγώγ' Blomfield (puncto post λύσασα, non post ὁδόν, posito)

ΙΠΠΟΛΥΤΟΣ

μεθεῖσ' ἐπ' ἄλλον εἶμι βελτίω λόγον.
κεἰ μὲν νοσεῖς τι τῶν ἀπορρήτων κακῶν,
γυναῖκες αἵδε συγκαθιστάναι νόσον·
εἰ δ' ἔκφορός σοι συμφορὰ πρὸς ἄρσενας,   295
λέγ', ὡς ἰατροῖς πρᾶγμα μηνυθῇ τόδε.
εἶέν· τί σιγᾷς; οὐκ ἐχρῆν σιγᾶν, τέκνον,
ἀλλ' ἢ μ' ἐλέγχειν, εἴ τι μὴ καλῶς λέγω,
ἢ τοῖσιν εὖ λεχθεῖσι συγχωρεῖν λόγοις.
    φθέγξαι τι, δεῦρ' ἄθρησον.—ὦ τάλαιν' ἐγώ,   300
γυναῖκες, ἄλλως τούσδε μοχθοῦμεν πόνους,
ἴσον δ' ἄπεσμεν τῷ πρίν· οὔτε γὰρ τότε
λόγοις ἐτέγγεθ' ἥδε νῦν τ' οὐ πείθεται.—
ἀλλ' ἴσθι μέντοι—πρὸς τάδ' αὐθαδεστέρα
γίγνου θαλάσσης—εἰ θανῇ, προδοῦσα σοὺς   305
παῖδας πατρῴων μὴ μεθέξοντας δόμων,
μὰ τὴν ἄνασσαν ἱππίαν Ἀμαζόνα,
ἣ σοῖς τέκνοισι δεσπότην ἐγείνατο
νόθον φρονοῦντα γνήσι', οἶσθά νιν καλῶς,
Ἱππόλυτον
    Φα. οἴμοι.
               Τρ. θιγγάνει σέθεν τόδε;   310
Φα. ἀπώλεσάς με, μαῖα, καί σε πρὸς θεῶν
τοῦδ' ἀνδρὸς αὖθις λίσσομαι σιγᾶν πέρι.
Τρ. ὁρᾷς; φρονεῖς μὲν εὖ, φρονοῦσα δ' οὐ θέλεις
παῖδάς τ' ὀνῆσαι καὶ σὸν ἐκσῶσαι βίον.

294 συγκαθιστάναι M²Pv et, ut vid. K (συγκαθισ. sine accentu): συγκαθεστᾶναι VB²: συγκαθίστανται MALDO: συγκαθέστανται B (fut. indic. Σ)   νόσον] ον in ras. L   296 ἰατρῷ L, suprascr. οις L²   μηνυθῇ mut. in μηνύσω V¹   297 σιγᾶν] σε σιγᾶν V : χρῆν σε μὴ σ. v   298 εἰ] ἦν in ras. L²   302 τῷ πρίν KΣ (τοῖς πρὶν ῥήμασιν, unde τοῖς suprascr. b) : τῶν πρίν codd.   303 vv. ll. in Σ ἐπείθεθ' (nullus liber), ἐθέλγεθ' (VL² PB²), ἐτέγγεθ' (KMAB et γρ. L²)   νῦν δ' KM (de A incertum)   305 γίγνῃ L²·   310 θ. τόδ' αὖ σέθεν P (ἱπ. usque ad τόδ' in litura)   312 τοῦδ' αὖθις ἀνδρὸς A   αὖθι KMP (αὖθις M²)

ΕΥΡΙΠΙΔΟΥ

Φα. φιλῶ τέκν'· ἄλλῃ δ' ἐν τύχῃ χειμάζομαι.   315
Τρ. ἁγνὰς μέν, ὦ παῖ, χεῖρας αἵματος φορεῖς;
Φα. χεῖρες μὲν ἁγναί, φρὴν δ' ἔχει μίασμά τι.
Τρ. μῶν ἐξ ἐπακτοῦ πημονῆς ἐχθρῶν τινος;
Φα. φίλος μ' ἀπόλλυσ' οὐχ ἑκοῦσαν οὐχ ἑκών.
Τρ. Θησεύς τιν' ἡμάρτηκεν ἔς σ' ἁμαρτίαν;   320
Φα. μὴ δρῶσ' ἔγωγ' ἐκεῖνον ὀφθείην κακῶς.
Τρ. τί γὰρ τὸ δεινὸν τοῦθ' ὅ σ' ἐξαίρει θανεῖν;
Φα. ἔα μ' ἁμαρτεῖν· οὐ γὰρ ἐς σὲ ἁμαρτάνω.
Τρ. οὐ δῆθ' ἑκοῦσά γ', ἐν δὲ σοὶ λελείψομαι.
Φα. τί δρᾷς; βιάζῃ χειρὸς ἐξαρτωμένη;   325
Τρ. καὶ σῶν γε γονάτων, κοὐ μεθήσομαί ποτε.
Φα. κάκ', ὦ τάλαινα, σοὶ τάδ', εἰ πεύσῃ, κακά.
Τρ. μεῖζον γὰρ ἢ σοῦ μὴ τυχεῖν τί μοι κακόν;
Φα. ὀλεῖς· τὸ μέντοι πρᾶγμ' ἐμοὶ τιμὴν φέρει.
Τρ. κἄπειτα κρύπτεις χρήσθ' ἱκνουμένης ἐμοῦ;   330
Φα. ἐκ τῶν γὰρ αἰσχρῶν ἐσθλὰ μηχανώμεθα.
Τρ. οὐκοῦν λέγουσα τιμιωτέρα φανῇ.
Φα. ἄπελθε πρὸς θεῶν δεξιᾶς τ' ἐμῆς μέθες.
Τρ. οὐ δῆτ', ἐπεί μοι δῶρον οὐ δίδως ὃ χρῆν.
Φα. δώσω· σέβας γὰρ χειρὸς αἰδοῦμαι τὸ σόν.   335
Τρ. σιγῷμ' ἂν ἤδη· σὸς γὰρ οὑντεῦθεν λόγος.
Φα. ὦ τλῆμον, οἷον, μῆτερ, ἠράσθης ἔρον,
Τρ. ὃν ἔσχε Ταύρου, τέκνον, ἢ τί φῂς τόδε;

316 αἱμάτων Chr. Pat. 703   φορεῖς K M A : φέρεις rell.   322 τοῦτο σ' K : τοῦδ' ὅ H   ἐξαιρεῖ M   324 λελίψομαι K : λελήψομαι V et suprascr. A   325 ἐξηρτημένη V H Haun. : corr. *v*   326 σῶν γε K M L P : σῶν A L : τῶν γε B   κοὐ K M : οὐ A V B L P H   328 μὴ τυχεῖν] γ' ἀμπλακεῖν Hartung   329 ὀλεῖς Musgrave : ὀλῇ codd. (K) et Σ   330 post χρηστὰ (sic) spatium vacuum M, suppl. M²   331 αἰσχρῶν ἐσθλὰ v. l. in Σ, unde M² B² : ἐσθλῶν αἰσχρὰ codd. et Σ, etiam K N D O (sed αἰσχρὰ in ras. L) quo recepto μηχανώμεθ' ἂν legendum foret   332 οὐκ ἦν H (voluit ἦν) 333 τ'] δ' K sed τ' suprascr.   δεξιὰν ἐμὴν B² O et Nap. in Scholiis 337 ὦ μῆτερ οἷον τλῆμον V Haun. N   ἔρων K   338 ταύρον B² (ταῦρ. M ante corr.) falso ex Σ, qui εἰς τὸν ταῦρον interpr.   Ταύρου scripsi, ut nomen proprium ; cf. Palaeph. Incred. cap. 2 ; Plut. Theseus xvi

ΙΠΠΟΛΥΤΟΣ

Φα. σύ τ', ὦ τάλαιν' ὅμαιμε, Διονύσου δάμαρ,
Τρ. τέκνον, τί πάσχεις; συγγόνους κακορροθεῖς; 340
Φα. τρίτη δ' ἐγὼ δύστηνος ὡς ἀπόλλυμαι.
Τρ. ἔκ τοι πέπληγμαι· ποῖ προβήσεται λόγος;
Φα. ἐκεῖθεν ἡμεῖς, οὐ νεωστί, δυστυχεῖς.
Τρ. οὐδέν τι μᾶλλον οἶδ' ἃ βούλομαι κλύειν.
Φα. φεῦ·
πῶς ἂν σύ μοι λέξειας ἁμὲ χρὴ λέγειν; 345
Τρ. οὐ μάντις εἰμὶ τἀφανῆ γνῶναι σαφῶς.
Φα. τί τοῦθ', ὃ δὴ λέγουσιν ἀνθρώπους, ἐρᾶν;
Τρ. ἥδιστον, ὦ παῖ, ταὐτὸν ἀλγεινόν θ' ἅμα.
Φα. ἡμεῖς ἂν εἶμεν θατέρῳ κεχρημένοι.
Τρ. τί φῄς; ἐρᾷς, ὦ τέκνον; ἀνθρώπων τίνος; 350
Φα. ὅστις ποθ' οὗτός ἐσθ', ὁ τῆς Ἀμαζόνος . . .
Τρ. Ἱππόλυτον αὐδᾷς;
          Φα.   σοῦ τάδ', οὐκ ἐμοῦ κλύεις.
Τρ. οἴμοι, τί λέξεις, τέκνον; ὥς μ' ἀπώλεσας.
    γυναῖκες, οὐκ ἀνασχέτ'· οὐκ ἀνέξομαι
    ζῶσ'· ἐχθρὸν ἦμαρ, ἐχθρὸν εἰσορῶ φάος. 355
    ῥίψω μεθήσω σῶμ', ἀπαλλαχθήσομαι
    βίου θανοῦσα· χαίρετ'· οὐκέτ' εἴμ' ἐγώ.
    οἱ σώφρονες γὰρ οὐχ ἑκόντες, ἀλλ' ὅμως
    κακῶν ἐρῶσι. Κύπρις οὐκ ἄρ' ἦν θεός,
    ἀλλ' εἴ τι μεῖζον ἄλλο γίγνεται θεοῦ, 360
    ἢ τήνδε κἀμὲ καὶ δόμους ἀπώλεσεν.

Χο. ἄιες ὦ, ἔκλυες ὦ, [στρ.
    ἀνήκουστα τᾶς

339 σὺ δ' ΜΑΒ   343 οὐκεῖθεν L, corr. L¹ aut L²   οὐ] ὁ Μ:
οἱ M²: γρ. καὶ νεωστὶ Σ: κοὺ Wecklein   344 ἃ] ὧν suprascr. M²
345 χρὴ M B V et omnes (?) codd. Ar. Eq. 16: χρῆν vel ἐχρῆν KALPH,
et fort. Σ: χρῆς Bergk, falso   347 δὴ om. H.   349 ἦμεν
AVNO κεχρημέναι LPNO   350 τινός codd.   351 Fortasse
ὅστις ποθ';   354 οὐκέτ' ἀνασχετὰ V (οὐκέτ' ἀνσχέτ' Nauck)
355 δ' εἰσορῶ Μ: τ' εἰσορῶ M²   356 ἀπαλλαγήσομαι Chr. Pat. 371
359 κακῶς BV²N Haun. fortasse recte   361 διώλεσεν V N D

ΕΥΡΙΠΙΔΟΥ

τυράννου πάθεα μέλεα θρεομένας;
— ὀλοίμαν ἔγωγε, †πρὶν σὰν φιλίαν
κατανύσαι φρενῶν.† ἰώ μοι, φεῦ φεῦ. 365
— ὦ τάλαινα τῶνδ' ἀλγέων·
— ὦ πόνοι τρέφοντες βροτούς.
— ὄλωλας, ἐξέφηνας ἐς φάος κακά.
— τίς σε παναμέριος ὅδε χρόνος μένει;
— τελευτάσεταί τι καινὸν δόμοις. 370
— ἄσημα δ' οὐκέτ' ἐστὶν οἷ φθίνει τύχα
Κύπριδος, ὦ τάλαινα παῖ Κρησία.

Φα. Τροζήνιαι γυναῖκες, αἳ τόδ' ἔσχατον
οἰκεῖτε χώρας Πελοπίας προνώπιον,
ἤδη ποτ' ἄλλως νυκτὸς ἐν μακρῷ χρόνῳ 375
θνητῶν ἐφρόντισ' ᾗ διέφθαρται βίος.
καί μοι δοκοῦσιν οὐ κατὰ γνώμης φύσιν
πράσσειν κάκιον· ἔστι γὰρ τό γ' εὖ φρονεῖν
πολλοῖσιν· ἀλλὰ τῇδ' ἀθρητέον τόδε·
τὰ χρήστ' ἐπιστάμεσθα καὶ γιγνώσκομεν, 380
οὐκ ἐκπονοῦμεν δ', οἱ μὲν ἀργίας ὕπο,
οἱ δ' ἡδονὴν προθέντες ἀντὶ τοῦ καλοῦ
ἄλλην τιν'. εἰσὶ δ' ἡδοναὶ πολλαὶ βίου,
μακραί τε λέσχαι καὶ σχολή, τερπνὸν κακόν,
αἰδώς τε. δισσαὶ δ' εἰσίν, ἣ μὲν οὐ κακή, 385

363 πάθεα... θρεομένας cf. not. v. 126   364 Τρο. praef. V. Paragraphos usque ad v. 371 addidi   φιλίαν M A V : φίλαν l in ras. P : φιλίαν φρενῶν mihi vid. habere Σ, aliis φίλαν φρένα (unde φίλαν φρένα B, φιλίαν φρενῶν B·) : σὰν, φίλα, Elmsley : σαῖν φίλαιν Verrall, cll. vv. 337-339   365 κατανύσαι B et Σ et (-νῦσαι) A l : καταλύσαι L P : καταλύσαι M V et Σ recens.   ἰώ μοι M A B : ἰώ μοι μοι K L (ante ras.) ita ut ἰώ monosyllabum sit, ut in codd. saepissime : οἴμοι οἴμοι V : ὤμοι ὤμοι H   366, 367 transpositi invicem in V N et H ὦ πόνοι iteratum post ἀλγέων V   369 τίς] τί K P   μίμνει Musgrave. Cf. v. antistr. 676   370 τελευτήσεται A B L P   δόμοις erasum in L : ἐν δόμοις M V   371 τύχη L : τύχαι A   379 τάδε M P (in M fortasse repictum)   380 ἃ χρήστ' K V Haun. N   381 κοὐκ K L² δ' om. K L² V N   382 προσθέντες (sed suprascr. προτιμήσαντες M) M B (corr. B²) N   382-387 Nil mutandum

ΙΠΠΟΛΥΤΟΣ

ἦ δ' ἄχθος οἴκων. εἰ δ' ὁ καιρὸς ἦν σαφής,
οὐκ ἂν δύ' ἤστην ταῦτ' ἔχοντε γράμματα.
ταῦτ' οὖν ἐπειδὴ τυγχάνω φρονοῦσ' ἐγώ,
οὐκ ἔσθ' ὁποίῳ φαρμάκῳ διαφθερεῖν
ἔμελλον, ὥστε τοὔμπαλιν πεσεῖν φρενῶν.   390
λέξω δὲ καὶ σοὶ τῆς ἐμῆς γνώμης ὁδόν·
ἐπεί μ' ἔρως ἔτρωσεν, ἐσκόπουν ὅπως
κάλλιστ' ἐνέγκαιμ' αὐτόν. ἠρξάμην μὲν οὖν
ἐκ τοῦδε, σιγᾶν τήνδε καὶ κρύπτειν νόσον.
γλώσσῃ γὰρ οὐδὲν πιστόν, ἣ θυραῖα μὲν   395
φρονήματ' ἀνδρῶν νουθετεῖν ἐπίσταται,
αὐτὴ δ' ὑφ' αὑτῆς πλεῖστα κέκτηται κακά.
τὸ δεύτερον δὲ τὴν ἄνοιαν εὖ φέρειν
τῷ σωφρονεῖν νικῶσα προυνοησάμην.
τρίτον δ', ἐπειδὴ τοισίδ' οὐκ ἐξήνυτον   400
Κύπριν κρατῆσαι, κατθανεῖν ἔδοξέ μοι,
κράτιστον—οὐδεὶς ἀντερεῖ—βουλευμάτων.
ἐμοὶ γὰρ εἴη μήτε λανθάνειν καλὰ
μήτ' αἰσχρὰ δρώσῃ μάρτυρας πολλοὺς ἔχειν.
τὸ δ' ἔργον ἤδη τὴν νόσον τε δυσκλεᾶ,   405
γυνή τε πρὸς τοῖσδ' οὖσ' ἐγίγνωσκον καλῶς,
μίσημα πᾶσιν. ὡς ὄλοιτο παγκάκως
ἥτις πρὸς ἄνδρας ἤρξατ' αἰσχύνειν λέχη
πρώτη θυραίους. ἐκ δὲ γενναίων δόμων
τόδ' ἦρξε θηλείαισι γίγνεσθαι κακόν.   410
ὅταν γὰρ αἰσχρὰ τοῖσιν ἐσθλοῖσιν δοκῇ,

386 οἶκον K   387 ταῦτ' L : ταῦτ' rell.   ἔχοντα A
πράγματα A B : γράματα K   388 'τύγχανον Reiske (ἐτύγχανον
γινώσκουσα Σ)   προγνοῦσ' A   390 ἔμελλον postmodum add. M
ὥστε γ' ἔμπαλιν K sed ipse corr.   393 ἐνέγκοιμ' Dindorf   398 τε
τὴν M A B (sic)   400 τοισίδ' Valckenaer : τοῖσιν codd.
(etiam K)   402 οὐδεῖ M : corr. M²   βουλευμάτων M B O :
βουλεύμασιν A B² V L P Σ   405 ἤδη (ἤδη) K M A B : ἤδειν V B²
L P   406 γυνή τε L P : γυνὴ δὲ rell.   τοῖς K   407 Post
πᾶσιν plene interpung. codd. et Σ, post καλῶς Weil   ὡς V B² L P :
ὥστ' K M A B

ΕΥΡΙΠΙΔΟΥ

ἦ κάρτα δόξει τοῖς κακοῖς γ' εἶναι καλά.
μισῶ δὲ καὶ τὰς σώφρονας μὲν ἐν λόγοις,
λάθρᾳ δὲ τόλμας οὐ καλὰς κεκτημένας.
αἳ πῶς ποτ', ὦ δέσποινα ποντία Κύπρι, 415
βλέπουσιν ἐς πρόσωπα τῶν ξυνευνετῶν
οὐδὲ σκότον φρίσσουσι τὸν ξυνεργάτην
τέραμνά τ' οἴκων μή ποτε φθογγὴν ἀφῇ;
ἡμᾶς γὰρ αὐτὸ τοῦτ' ἀποκτείνει, φίλαι,
ὡς μήποτ' ἄνδρα τὸν ἐμὸν αἰσχύνασ' ἁλῶ, 420
μὴ παῖδας οὓς ἔτικτον· ἀλλ' ἐλεύθεροι
παρρησίᾳ θάλλοντες οἰκοῖεν πόλιν
κλεινῶν Ἀθηνῶν, μητρὸς οὕνεκ' εὐκλεεῖς.
δουλοῖ γὰρ ἄνδρα, κἂν θρασύσπλαγχνός τις ᾖ,
ὅταν ξυνειδῇ μητρὸς ἢ πατρὸς κακά. 425
μόνον δὲ τοῦτό φασ' ἁμιλλᾶσθαι βίῳ,
γνώμην δικαίαν κἀγαθήν, ὅτῳ παρῇ.
κακοὺς δὲ θνητῶν ἐξέφην', ὅταν τύχῃ,
προθεὶς κάτοπτρον ὥστε παρθένῳ νέᾳ
χρόνος· παρ' οἷσι μήποτ' ὀφθείην ἐγώ. 430
Χο. φεῦ φεῦ· τὸ σῶφρον ὡς ἀπανταχοῦ καλὸν
καὶ δόξαν ἐσθλὴν ἐν βροτοῖς καρπίζεται.
Τρ. δέσποιν', ἐμοί τοι συμφορὰ μὲν ἀρτίως
ἡ σὴ παρέσχε δεινὸν ἐξαίφνης φόβον·
νῦν δ' ἐννοοῦμαι φαῦλος οὖσα· κἀν βροτοῖς 435
αἱ δεύτεραί πως φροντίδες σοφώτεραι.
οὐ γὰρ περισσὸν οὐδὲν οὐδ' ἔξω λόγου
πέπονθας· ὀργαὶ δ' ἐς σ' ἀπέσκηψαν θεᾶς.

412 δόξῃ (vel -ῃ) M A V B : corr. A² B²   κακοῖς γ' M V B : γ' om.
A L P   415 αἲ] αἶ M   418 τέραμνα L : τέρεμνα K rell.
419 ἀποκτενεῖ K M B V   424 θρασύστομος Diog. Laert. 4. 51
426 δὲ καὶ L   φασὶ τοῦθ' Stob. 90. 11   427 ὅτῳ] ὅταν Stob.
429 προσθεὶς P   παρθένος νέα L P   430 μὴ προσοφθείην K
431 ὥς] πῶς L P   ἀπανταχῇ L Haun. et Stob. 5. 20   432 κομίζεται L P Stob. et Chr. Pat. 549   433 ἐμοί τ' οἱ ἡ συμφορὰ M
438 ἀπέσκηψαν A B L P : ἐπέσκηψαν K M V L²

ΙΠΠΟΛΥΤΟΣ

ἐρᾶς· τί τοῦτο θαῦμα; σὺν πολλοῖς βροτῶν.
κἄπειτ' ἔρωτος οὕνεκα ψυχὴν ὀλεῖς; 440
οὔ τἄρα λύει τοῖς ἐρῶσι τῶν πέλας,
ὅσοι τε μέλλουσ', εἰ θανεῖν αὐτοὺς χρεών·
Κύπρις γὰρ οὐ φορητός, ἢν πολλὴ ῥυῇ·
ἣ τὸν μὲν εἴκονθ' ἡσυχῇ μετέρχεται,
ὃν δ' ἂν περισσὸν καὶ φρονοῦνθ' εὕρῃ μέγα, 445
τοῦτον λαβοῦσα—πῶς δοκεῖς;—καθύβρισεν.
φοιτᾷ δ' ἀν' αἰθέρ', ἔστι δ' ἐν θαλασσίῳ
κλύδωνι Κύπρις, πάντα δ' ἐκ ταύτης ἔφυ·
ἥδ' ἐστὶν ἡ σπείρουσα καὶ διδοῦσ' ἔρον,
οὗ πάντες ἐσμὲν οἱ κατὰ χθόν' ἔγγονοι. 450
ὅσοι μὲν οὖν γραφάς τε τῶν παλαιτέρων
ἔχουσιν αὐτοί τ' εἰσὶν ἐν μούσαις ἀεί,
ἴσασι μὲν Ζεὺς ὥς ποτ' ἠράσθη γάμων
Σεμέλης, ἴσασι δ' ὡς ἀνήρπασέν ποτε
ἡ καλλιφεγγὴς Κέφαλον ἐς θεοὺς Ἕως 455
ἔρωτος εἵνεκ'· ἀλλ' ὅμως ἐν οὐρανῷ
ναίουσι κοὐ φεύγουσιν ἐκποδὼν θεούς,
στέργουσι δ', οἶμαι, ξυμφορᾷ νικώμενοι.
σὺ δ' οὐκ ἀνέξῃ; χρῆν σ' ἐπὶ ῥητοῖς ἄρα
πατέρα φυτεύειν, ἢ 'πὶ δεσπόταις θεοῖς 460
ἄλλοισιν, εἰ μὴ τούσδε γε στέρξεις νόμους.
πόσους δοκεῖς δὴ κάρτ' ἔχοντας εὖ φρενῶν
νοσοῦνθ' ὁρῶντας λέκτρα μὴ δοκεῖν ὁρᾶν;
πόσους δὲ παισὶ πατέρας ἡμαρτηκόσι
συνεκκομίζειν Κύπριν; ἐν σοφοῖσι γὰρ 465

441 οὐκ ἄρα M V   λύει e Σ Valckenaer (οὐ λυσιτελεῖ): γ' οὐ δεῖ codd. (deest in K)   443 φορητός codd. K et Σ Tro. 990 : φορητόν Stob. 63. 5   449 Fortasse κἀκδιδοῦσ'   450 ἔγγονοι M A P: ἔκγονοι V B L, Chr. Pat. 50, Plut. Mor. 756 E   456 εἵνεκ' K: οὕνεκ' ut semper rell.   458 ξυμφορᾷ K L P: συμφορᾷ rell.: συμφοραῖς Chr. Pat. 1065   459 ἐπιρρητοῖς M V et ante corr. B   461 στέργεις L P et Σ B   462 φρενῶν A L P : φρονεῖν M V B Σ   463 δοκεῖν θ' A   464 ἡμαρτηκότας M : corr. M²

ΕΥΡΙΠΙΔΟΥ

τάδ' ἐστὶ θνητῶν, λανθάνειν τὰ μὴ καλά.
οὐδ' ἐκπονεῖν τοι χρὴ βίον λίαν βροτούς·
†οὐδὲ στέγην γὰρ ἦς κατηρεφεῖς δόμοι
καλῶς ἀκριβώσειαν·† ἐς δὲ τὴν τύχην
πεσοῦσ' ὅσην σὺ πῶς ἂν ἐκνεῦσαι δοκεῖς; 470
ἀλλ', εἰ τὰ πλείω χρηστὰ τῶν κακῶν ἔχεις,
ἄνθρωπος οὖσα, κάρτα γ' εὖ πράξειας ἄν.
ἀλλ', ὦ φίλη παῖ, λῆγε μὲν κακῶν φρενῶν,
λῆξον δ' ὑβρίζουσ'· οὐ γὰρ ἄλλο πλὴν ὕβρις
τάδ' ἐστί, κρείσσω δαιμόνων εἶναι θέλειν· 475
τόλμα δ' ἐρῶσα· θεὸς ἐβουλήθη τάδε.
νοσοῦσα δ' εὖ πως τὴν νόσον καταστρέφου.
εἰσὶν δ' ἐπῳδαὶ καὶ λόγοι θελκτήριοι·
φανήσεταί τι τῆσδε φάρμακον νόσου.
ἦ τἄρ' ἂν ὀψέ γ' ἄνδρες ἐξεύροιεν ἄν, 480
εἰ μὴ γυναῖκες μηχανὰς εὑρήσομεν.
Χο. Φαίδρα, λέγει μὲν ἥδε χρησιμώτερα
πρὸς τὴν παροῦσαν ξυμφοράν, αἰνῶ δὲ σέ.
ὁ δ' αἶνος οὗτος δυσχερέστερος λόγων
τῶν τῆσδε καὶ σοὶ μᾶλλον ἀλγίων κλύειν. 485
Φα. τοῦτ' ἔσθ' ὃ θνητῶν εὖ πόλεις οἰκουμένας
δόμους τ' ἀπόλλυσ', οἱ καλοὶ λίαν λόγοι.
οὐ γὰρ τὰ τοῖσιν ὠσὶ τερπνὰ χρὴ λέγειν,

467 χρὴ L P Σ : χρῆν M A V   λίαν βίον V (et Haun.)   468 Sic codd. et Σ (nam falso e Σ eruerunt δόκοι B² et Valckenaer)   οὐδ' ἂν στέγην Monk : οὐδὲ στέγην τὰν Reisig. Fortasse οὐδ' ἐν στέγῃ γὰρ ... καλῶς ἀκριβώσαις ἂν (sc. τὸν βίον)   469 ἀκριβώσαις ἂν Hadley : ἂν ἠκρίβωσαν Wilamowitz   τύχην] codd. et ut puto Σ (εἰς δὲ ἄδηλον πέλαγος τῆς τύχης Σ ad explicandam metaphoram) : εἰς κλυδῶνα δὲ ... ὅσον σὺ Gomperz   470 ἐκνεῦσαι ab ἐκνέω deducit Σ, ab ἐκνεύω Verrall : ἐκπνεῦσαι M V B²   471 ἔχοις Lascaris   472 κάρτ' εὖ L : corr. l   473 φρενῶν κακῶν Η   480 ἦ τἄρ' ἂν Brunck (fortasse Σ) : ἦ γὰρ ἂν M A V : ἦ τ' ἄρα (vel ἆρα) γ' B L P H   482 χρησιμώτεραι M   483 ξυμφ. B L P N : συμφ. M A V   484 δυστυχέστερος M B H Σ : de A incertum   ψόγων Weil (λόγων etiam Σ)   485 σοῦ et ἄλγιον M   487 δ' ἀπόλλυσιν V   488 τὰ Wilamowitz e Σ (οὐ γὰρ τὰ πρὸς ἡδονὴν ... Σ) : τοι V N et ante corr. L : τι M A L² P   χρή] δεῖ L P B et sic reddit Σ

ΙΠΠΟΛΥΤΟΣ

ἀλλ' ἐξ ὅτου τις εὐκλεὴς γενήσεται.
Τρ. τί σεμνομυθεῖς; οὐ λόγων εὐσχημόνων   490
δεῖ σ', ἀλλὰ τἀνδρός.—ὡς τάχος διοιστέον,
τὸν εὐθὺν ἐξειπόντας ἀμφὶ σοῦ λόγον.
εἰ μὲν γὰρ ἦν σοι μὴ 'πὶ συμφοραῖς βίος
τοιαῖσδε, σώφρων δ' οὖσ' ἐτύγχανες γυνή,
οὐκ ἄν ποτ' εὐνῆς οὕνεχ' ἡδονῆς τε σῆς   495
προσῆγον ἄν σε δεῦρο· νῦν δ' ἀγὼν μέγας
σῶσαι βίον σόν, κοὐκ ἐπίφθονον τόδε.
Φα. ὦ δεινὰ λέξασ', οὐχὶ συγκλῄσεις στόμα
καὶ μὴ μεθήσεις αὖθις αἰσχίστους λόγους;
Τρ. αἰσχρ', ἀλλ' ἀμείνω τῶν καλῶν τάδ' ἐστί σοι.   500
κρεῖσσον δὲ τοὔργον, εἴπερ ἐκσώσει γέ σε,
ἢ τοὔνομ', ᾧ σὺ κατθανῇ γαυρουμένη.
Φα. καὶ μή σε πρὸς θεῶν—εὖ λέγεις γάρ, αἰσχρὰ δέ—
πέρα προβῇς τῶνδ'· ὡς ὑπείργασμαι μὲν εὖ
ψυχὴν ἔρωτι, τἀσχρὰ δ' ἢν λέγῃς καλῶς,   505
ἐς τοῦθ' ὃ φεύγω νῦν ἀναλωθήσομαι.
Τρ. εἴ τοι δοκεῖ σοι, χρῆν μὲν οὔ σ' ἁμαρτάνειν·
εἰ δ' οὖν, πιθοῦ μοι· δευτέρα γὰρ ἡ χάρις.
ἔστιν κατ' οἴκους φίλτρα μοι θελκτήρια
ἔρωτος, ἦλθε δ' ἄρτι μοι γνώμης ἔσω,   510
ἅ σ' οὔτ' ἐπ' αἰσχροῖς οὔτ' ἐπὶ βλάβῃ φρενῶν
παύσει νόσου τῆσδ', ἢν σὺ μὴ γένῃ κακή.
δεῖ δ' ἐξ ἐκείνου δή τι τοῦ ποθουμένου
σημεῖον, ἢ λόγον τιν' ἢ πέπλων ἄπο

491 διοιστέον M A P H et fort. Σ: διιστέον V L B Σ, quo recepto punctum post τἀνδρὸς om. Nauck et L   493 μὲν] μὴ L   495 ἕνεχ' P   496 προῆγον Scaliger   498 συγκλήσεις K A : συγκλείσεις rell.   500 κακῶν ante corr. M et V   501 ἐκσώσειέ σε L P   503 μή σε Porson: μή γε codd. et Σ   γάρ] om. M V H (μέν V²)   δέ] τάδε M   504 εὖ codd. et Σ: οὐ Bothe   506 ἀλωθήσομαι V N   507 εἴ τι M V   508 πειθοῦ M   510 ἄρτι δ' ἦλθε K   511 ἅ θ' M²   514 λόγον M A B L P : λόγων V : aut λόγον aut fortasse λόγων Σ: πλόκον Reiske   ἄπο] λάκος Reiske : ὅαν Valckenaer

ΕΥΡΙΠΙΔΟΥ

λαβεῖν, συνάψαι τ' ἐκ δυοῖν μίαν χάριν. 515
Φα. πότερα δὲ χριστὸν ἢ ποτὸν τὸ φάρμακον;
Τρ. οὐκ οἶδ'· ὀνάσθαι, μὴ μαθεῖν βούλου, τέκνον.
Φα. δέδοιχ' ὅπως μοι μὴ λίαν φανῇς σοφή.
Τρ. πάντ' ἂν φοβηθεῖσ' ἴσθι· δειμαίνεις δὲ τί;
Φα. μή μοί τι Θησέως τῶνδε μηνύσῃς τόκῳ. 520
Τρ. ἔασον, ὦ παῖ· ταῦτ' ἐγὼ θήσω καλῶς.
μόνον σύ μοι, δέσποινα ποντία Κύπρι,
συνεργὸς εἴης. τἄλλα δ' οἷ' ἐγὼ φρονῶ
τοῖς ἔνδον ἡμῖν ἀρκέσει λέξαι φίλοις.

Χο. Ἔρως Ἔρως, ὁ κατ' ὀμμάτων [στρ.
στάζεις πόθον, εἰσάγων γλυκεῖαν 526
ψυχᾷ χάριν οὓς ἐπιστρατεύσῃ,
μή μοί ποτε σὺν κακῷ φανείης
μηδ' ἄρρυθμος ἔλθοις.
οὔτε γὰρ πυρὸς οὔτ' ἄστρων ὑπέρτερον βέλος, 530
οἷον τὸ τᾶς Ἀφροδίτας
ἵησιν ἐκ χερῶν
Ἔρως, ὁ Διὸς παῖς.

ἄλλως ἄλλως παρά τ' Ἀλφεῷ [ἀντ.
Φοίβου τ' ἐπὶ Πυθίοις τεράμνοις 536
βούταν φόνον Ἑλλὰς ⟨αἶ'⟩ ἀέξει·
Ἔρωτα δέ, τὸν τύραννον ἀνδρῶν,
τὸν τᾶς Ἀφροδίτας
φιλτάτων θαλάμων κλῃδοῦχον, οὐ σεβίζομεν, 540

515 Desinit K   518 σοφῆι φανῆς M   520 μηνύσῃ P
τέκνῳ L   525–542 Notandum est primam syllabam ἔρως semper
(i. e. quater) longae respondere   525 ὃ M B N : ὃ ἀντὶ τοῦ ὃς
Σ N : ὃς A V L P (glossemata ὃς suprascr. B, ὅστις in v. 526 M)
526 στάξεις M : corr. M² : *στάζεις L   527 ψυχᾷ A V L P Σ :
ψυχᾶς M : ψυχαῖς M² B   οὓς] οἷς M² B² : αἷς N in ras. et Haun.
532 τῆς ἀφροδισίας M   533 χερῶν Aldina : χειρῶν codd.
535 Ἀλφεῷ P : ἀλφειῷ rell.   537 αἶ' add. Hermann   538 δέ,
τόν] δὲ τὴν P : δὲ A   541 κλῃδοῦχον L P B et lemma Σ : κλειδοῦχον
M A V

ΙΠΠΟΛΥΤΟΣ

πέρθοντα καὶ διὰ πάσας
ἰόντα συμφορᾶς
θνατοῖς, ὅταν ἔλθῃ.

τὰν μὲν Οἰχαλίᾳ [στρ.
πῶλον ἄζυγα λέκτρων, ἄναν- 546
δρον τὸ πρὶν καὶ ἄνυμφον, οἴ-
κων ζεύξασ' ἀπ' Εὐρυτίων
δρομάδα Ναΐδ' ὅπως τε Βάκ- 550
χαν σὺν αἵματι, σὺν καπνῷ
φονίοις θ' †ὑμεναίοις†
Ἀλκμήνας τόκῳ Κύπρις ἐξέδωκεν·
ὦ τλάμων ὑμεναίων.

ὦ Θήβας ἱερὸν [ἀντ.
τεῖχος, ὦ στόμα Δίρκας, συνεί- 556
ποιτ' ἂν ἁ Κύπρις οἷον ἕρ-
πει. βροντᾷ γὰρ ἀμφιπύρῳ
τοκάδα τὰν διγόνοιο Βάκ- 560
χου νυμφευσαμένα πότμῳ
φονίῳ κατηύνασεν.
δεινὰ γὰρ παντᾷ ποτιπνεῖ, μέλισσα δ'
οἷα τις πεπόταται.

542 πάσας A V B : πάσης L P : πλεῖστας M (διὰ παντὸς κακοῦ Σ N)
544 θνητοῖς M A V   545 μὲν] ἐν Bauer   549 ἀπ' Εὐρυτίων Buttmann : ἀπειρεσίαν codd. (αν in ras. L) et Σ unus ; alter Genitivum casum habuit (ἀπὸ τῶν νυμφικῶν οἴκων)   550 ναΐδ'] ἀΐδ' P : γρ. μαινάδα Σ
552 φονία P   Fortasse ὑμηναίοις scribendum, non obstante v. 554 : φονίοισί θ' ὕμνοισιν Wilamowitz   553 Κύπρις Ἀλκ. τόκῳ Weil
ἐξέδωκεν L P B : ἔδωκεν rell.   554 τλάμων Heath : τλᾶμον codd.
556 δίρκης M L   557 συνείπετ' M V   ἁ Κύπρις οἷον Monk : οἷον ἁ Κύπρις codd. : οἷα∗ακύπρις B : fortasse οἷ' ἀνὰ Κύπρις   560 διγόνοιο γρ. Σ : δισγόνοιο primus ut vid. L : διογόνοιο reliqui et Σ   561 νυμφευσαμένα Kirchhoff : νυμφευσαμέναν codd. et Σ   κατεύνασεν codd. et Σ : κατέλυσεν Bothe   563 παντᾷ vel πάντᾳ Kirchhoff e Σ (παντα-χόθεν) : πάντα (πάντ' M) codd.   ποτιπνεῖ scripsi e Σ, quorum unus suprascr. πρός, alter λείπει ἢ πρός : τ' ἐπιπνεῖ L P : γε ἐπιπνεῖ suprascr.
A : γε ἐπιπιτνεῖ A : γε πιτνεῖ V Haun. : ἐπιπνεῖ M B   564 πεπόταται L P B : πεπότηται reliqui

ΕΥΡΙΠΙΔΟΥ

Φα. σιγήσατ', ὦ γυναῖκες· ἐξειργάσμεθα. 565
Χο. τί δ' ἔστι, Φαίδρα, δεινὸν ἐν δόμοισί σοι;
Φα. ἐπίσχετ', αὐδὴν τῶν ἔσωθεν ἐκμάθω.
Χο. σιγῶ· τὸ μέντοι φροίμιον κακὸν τόδε.
Φα. ἰώ μοι, αἰαῖ·
    ὦ δυστάλαινα τῶν ἐμῶν παθημάτων. 570
Χο. τίνα θροεῖς αὐδάν; τίνα βοᾷς λόγον;
    ἔνεπε, τίς φοβεῖ σε φήμα, γύναι,
    φρένας ἐπίσσυτος;
Φα. ἀπωλόμεσθα. ταῖσδ' ἐπιστᾶσαι πύλαις 575
    ἀκούσαθ' οἷος κέλαδος ἐν δόμοις πίτνει.
Χο. σὺ παρὰ κλῇθρα, σοὶ μέλει πομπίμα
    φάτις δωμάτων.
    ἔνεπε δ' ἔνεπέ μοι, τί ποτ' ἔβα κακόν; 580
Φα. ὁ τῆς φιλίππου παῖς Ἀμαζόνος βοᾷ
    Ἱππόλυτος, αὐδῶν δεινὰ πρόσπολον κακά.
Χο. ἀχὰν μὲν κλύω, σαφὲς δ' οὐκ ἔχω· 585
    γεγωνεῖ δ' ὄπᾳ
    διὰ πύλας ἔμολεν ἔμολε σοὶ βοά.
Φα. καὶ μὴν σαφῶς γε τὴν κακῶν προμνήστριαν,
    τὴν δεσπότου προδοῦσαν ἐξαυδᾷ λέχος. 590
Χο. ὤμοι ἐγὼ κακῶν· προδέδοσαι, φίλα.
    τί σοι μήσομαι;
    τὰ κρυπτὰ γὰρ πέφηνε, διὰ δ' ὄλλυσαι—
Φα. αἰαῖ, ἒ ἔ.

566 σοι Elmsley: σοῖς codd. 567 ὡς μάθω V²L² vel vĭ
569 ἰώ μοι μοι P (cf. not. v. 365) αἲ bis L P, ter A, quater M B V L²
571 λόγον βοᾶς Weil, ob synapheam 572 ἔννεπε codd. 576 ἔνδον
ἵσταται Wecklein 580 ἔννεπε δ' ἔννεπε codd. 585 ἀχὰν
Elmsley: ἰαχὰν codd.: γρ. ἰωὰν Σ, unde ἰὰν Weil 586 γεγωνεῖ
δ' scripsi: γεγωνεῖν codd. et Σ ὄπᾳ Σ, cum vv. ll. ὅπα et ὄπα:
ὄπαι B : ὄπα ex ὄπα mutatum A : ὄπα V L P M² : om. M 589 Φα.
om. M 591 Χο. non ante ὤμοι sed ante προδέδοσαι M Haun.
592 μήσομαι L P N D et lemma Σ: μνήσομαι A : μητίσομαι M V
suprascr. A 593 γὰρ] ἄρα Seidler 594 αἰαῖ om. B : ἒ ἔ
om. V

ΙΠΠΟΛΥΤΟΣ

Χο. πρόδοτος ἐκ φίλων. 595
Φα. ἀπώλεσέν μ' εἰποῦσα συμφορὰς ἐμάς,
φίλως, καλῶς δ' οὐ τήνδ' ἰωμένη νόσον.
Χο. πῶς οὖν; τί δράσεις, ὦ παθοῦσ' ἀμήχανα;
Φα. οὐκ οἶδα πλὴν ἕν· κατθανεῖν ὅσον τάχος,
τῶν νῦν παρόντων πημάτων ἄκος μόνον. 600
Ιπ. ὦ γαῖα μῆτερ ἡλίου τ' ἀναπτυχαί,
οἵων λόγων ἄρρητον εἰσήκουσ' ὄπα.
Τρ. σίγησον, ὦ παῖ, πρίν τιν' αἰσθέσθαι βοῆς.
Ιπ. οὐκ ἔστ' ἀκούσας δείν' ὅπως σιγήσομαι.
Τρ. ναὶ πρός σε τῆς σῆς δεξιᾶς εὐωλένου. 605
Ιπ. οὐ μὴ προσοίσεις χεῖρα μηδ' ἅψῃ πέπλων.
Τρ. ὦ πρός σε γονάτων, μηδαμῶς μ' ἐξεργάσῃ.
Ιπ. τί δ', εἴπερ, ὡς φῄς, μηδὲν εἴρηκας κακόν;
Τρ. ὁ μῦθος, ὦ παῖ, κοινὸς οὐδαμῶς ὅδε.
Ιπ. τά τοι κάλ' ἐν πολλοῖσι κάλλιον λέγειν. 610
Τρ. ὦ τέκνον, ὅρκους μηδαμῶς ἀτιμάσῃς.
Ιπ. ἡ γλῶσσ' ὀμώμοχ', ἡ δὲ φρὴν ἀνώμοτος.
Τρ. ὦ παῖ, τί δράσεις; σοὺς φίλους διεργάσῃ;
Ιπ. ἀπέπτυσ'· οὐδεὶς ἄδικός ἐστί μοι φίλος.
Τρ. σύγγνωθ'· ἁμαρτεῖν εἰκὸς ἀνθρώπους, τέκνον. 615
Ιπ. ὦ Ζεῦ, τί δὴ κίβδηλον ἀνθρώποις κακὸν
γυναῖκας ἐς φῶς ἡλίου κατῴκισας;
εἰ γὰρ βρότειον ἤθελες σπεῖραι γένος,
οὐκ ἐκ γυναικῶν χρῆν παρασχέσθαι τόδε,
ἀλλ' ἀντιθέντας σοῖσιν ἐν ναοῖς βροτοὺς 620
ἢ χρυσὸν ἢ σίδηρον ἢ χαλκοῦ βάρος

597 φίλως A B P : φίλως μὲν M V : φίλως μὲν οὐ καλῶς δ' ἰωμένη L², μὲν οὐ καλῶς in ras. 598 τί γοῦν; Chr. Pat. 610 et 1830: τί οὖν Kirchhoff ποθοῦσ' L P : corr. L² 602 οἷον λόγον L² vel l 605 τῆς σῆς] τῆσδε V δεξιᾶς τ' B l 606 προσοίσεις V P et sine dub. L : προσοίσης M A Lⁱ : προσοίσῃ B 612 Cf. Ar. Ran. 102, 1471, Thesm. 275 614 ἔσται L P 615 ἁμαρτεῖν δ' εἰκὸς ἄνθρωπον Chr. Pat. 818 617 κατῴκισαι P 619 τόδε] τέκνα testa Berolinensis 621 ἢ χαλκὸν ἢ σ. ἢ χρυσοῦ L P B Stob. 73. 30 χαλκοῦν A²

ΕΥΡΙΠΙΔΟΥ

παίδων πρίασθαι σπέρμα, τοῦ τιμήματος
τῆς ἀξίας ἕκαστον, ἐν δὲ δώμασιν
ναίειν ἐλευθέροισι θηλειῶν ἄτερ.
[νῦν δ' ἐς δόμους μὲν πρῶτον ἄξεσθαι κακὸν   625
μέλλοντες ὄλβον δωμάτων ἐκπίνομεν.]
τούτῳ δὲ δῆλον ὡς γυνὴ κακὸν μέγα·
προσθεὶς γὰρ ὁ σπείρας τε καὶ θρέψας πατὴρ
φερνὰς ἀπῴκισ', ὡς ἀπαλλαχθῇ κακοῦ.
ὁ δ' αὖ λαβὼν ἀτηρὸν ἐς δόμους φυτὸν   630
γέγηθε κόσμον προστιθεὶς ἀγάλματι
καλὸν κακίστῳ καὶ πέπλοισιν ἐκπονεῖ
δύστηνος, ὄλβον δωμάτων ὑπεξελών.
[ἔχει δ' ἀνάγκην, ὥστε κηδεύσας καλοῖς
γαμβροῖσι χαίρων σῴζεται πικρὸν λέχος,   635
ἢ χρηστὰ λέκτρα, πενθεροὺς δ' ἀνωφελεῖς
λαβὼν πιέζει τἀγαθῷ τὸ δυστυχές.]
ῥᾷστον δ' ὅτῳ τὸ μηδέν, ἀλλ' ἀνωφελὴς
εὐηθίᾳ κατ' οἶκον ἵδρυται γυνή.
σοφὴν δὲ μισῶ· μὴ γὰρ ἔν γ' ἐμοῖς δόμοις   640
εἴη φρονοῦσα πλείον' ἢ γυναῖκα χρή.
τὸ γὰρ κακοῦργον μᾶλλον ἐντίκτει Κύπρις
ἐν ταῖς σοφαῖσιν· ἡ δ' ἀμήχανος γυνὴ
γνώμῃ βραχείᾳ μωρίαν ἀφῃρέθη.
χρῆν δ' ἐς γυναῖκα πρόσπολον μὲν οὐ περᾶν,   645

625-637 deleverunt alii alios : suspitio mihi est 634-637 et 625-626, et fortasse plures vv. ex Euripidis Meleagro huc invectos esse   625 sq. delevit Nauck   ἄξασθαι M B : αὔξεσθαι primitus V   626 ἐκπίνομεν Pierson : ἐκτίνομεν contra metr. A B L v : ἐκτείνομεν M P N   628 κἀκθρέψας B (τεκὼν καὶ ἀναθρέψας Σ)   630 εἰς δόμους ἀτηρὸν M   φυτὸν M A B v : κακὸν L P V : γρ. ἀτηρὸν ἐν δόμοις κακόν Σ M   633 ὄλβου P   fortasse ὑπεξελῶν   634-637 Videntur de certa quadam nuru dici cum fratribus suis discordante : delevit Willems   634 καλῶς Kirchhoff   635 γαυροῖσι V   636 δ' om. A   638 ῥᾷον fortasse Σ (et Haun.)   640, 641 Nauckio suspecti   641 πλεῖον codd. (πλείον' corrector Haun)   χρή M A : χρῆν V B L P   642 πανοῦργον L P γρ. V   643. 644 omissos in margine add. L. Cf. 649   645 χρῆν V L P Σ : χρὴ M A B   γυναῖκα M A : γυναῖκας V L P B

ΙΠΠΟΛΥΤΟΣ

ἄφθογγα δ' αὐταῖς συγκατοικίζειν δάκη
θηρῶν, ἵν' εἶχον μήτε προσφωνεῖν τινα
μήτ' ἐξ ἐκείνων φθέγμα δέξασθαι πάλιν.
νῦν δ' αἱ μὲν ἔνδον †δρῶσιν αἱ κακαὶ† κακὰ
βουλεύματ', ἔξω δ' ἐκφέρουσι πρόσπολοι.   650
ὡς καὶ σύ γ' ἡμῖν πατρός, ὦ κακὸν κάρα,
λέκτρων ἀθίκτων ἦλθες ἐς συναλλαγάς·
ἀγὼ ῥυτοῖς νασμοῖσιν ἐξομόρξομαι,
ἐς ὦτα κλύζων. πῶς ἂν οὖν εἴην κακός,
ὃς οὐδ' ἀκούσας τοιάδ' ἁγνεύειν δοκῶ;   655
εὖ δ' ἴσθι, τοὐμόν σ' εὐσεβὲς σῴζει, γύναι·
εἰ μὴ γὰρ ὅρκοις θεῶν ἄφρακτος ᾑρέθην,
οὐκ ἄν ποτ' ἔσχον μὴ οὐ τάδ' ἐξειπεῖν πατρί.
νῦν δ' ἐκ δόμων μέν, ἔστ' ἂν ἔκδημος χθονὸς
Θησεύς, ἄπειμι· σῖγα δ' ἕξομεν στόμα.   660
θεάσομαι δὲ σὺν πατρὸς μολὼν ποδὶ
πῶς νιν προσόψῃ καὶ σὺ καὶ δέσποινα σή·
τῆς σῆς δὲ τόλμης εἴσομαι γεγευμένος.
ὄλοισθε. μισῶν δ' οὔποτ' ἐμπλησθήσομαι
γυναῖκας, οὐδ' εἴ φησί τίς μ' ἀεὶ λέγειν·   665
ἀεὶ γὰρ οὖν πώς εἰσι κἀκεῖναι κακαί.
ἤ νύν τις αὐτὰς σωφρονεῖν διδαξάτω,
ἢ κἄμ' ἐάτω ταῖσδ' ἐπεμβαίνειν ἀεί.

Φα.   τάλανες ὦ κακοτυχεῖς   [ἀντ.
   γυναικῶν πότμοι.

647 μηδὲ L P (sed μήτε 648)   648 δέξηται V   649 om. L P
δρῶσιν suspectum : αἱ μὲν δέσποιναι ἔνδον μηχανῶνται τὰ κακά Σ (νῶσιν
Weil)   651 εἰ καὶ L P γρ. B   654 εἴη L : corr. *l*   656 σώζειν V
657 ἄφαρκτος Dindorf   ᾑρέθην Pierson e Σ (ἐλήφθην) : εὑρέθην codd.
658 ἔσχον A L P et fort. Σ: ἐπέσχον M V B   μὴ τάδ' L P   πατρί]
κακὰ γρ. πατρί M   659 ἐκδημῇ Hermann. Cf. Atticistam Reitzensteinii, p. 4 (Rostock 1892)   659, 660 Θησεὺς χθονός V Haun.
665 φήσει V Haun.   666 γὰρ οὕτως Stob. 73. 3   669 Φαι.
A B¹ (vel B) Σ : Χορ. M V L P, Phaedrae nota v. 672 praefixa
τάλαινες codd. : ι erasum in A B L

ΕΥΡΙΠΙΔΟΥ

τίνα νῦν ἢ τέχναν ἔχομεν ἢ ⟨τίνας⟩ 670
σφαλεῖσαι κάθαμμα λύειν λόγους;
ἐτύχομεν δίκας· ἰὼ γᾶ καὶ φῶς.
πᾷ ποτ' ἐξαλύξω τύχας;
πῶς δὲ πῆμα κρύψω, φίλαι;
τίς ἂν θεῶν ἀρωγὸς ἢ τίς ἂν βροτῶν 675
πάρεδρος ἢ ξυνεργὸς ἀδίκων ἔργων
φανείη; τὸ γὰρ παρ' ἡμῖν πάθος
πέραν δυσεκπέρατον ἔρχεται βίου.
κακοτυχεστάτα γυναικῶν ἐγώ.

Χο. φεῦ φεῦ· πέπρακται, κοὐ κατώρθωνται τέχναι, 680
δέσποινα, τῆς σῆς προσπόλου, κακῶς δ' ἔχει.
Φα. ὦ παγκακίστη καὶ φίλων διαφθορεῦ,
οἷ' εἰργάσω με. Ζεύς σε γεννήτωρ ἐμὸς
πρόρριζον ἐκτρίψειεν οὐτάσας πυρί.
οὐκ εἶπον—οὐ σῆς προυνοησάμην φρενός;— 685
σιγᾶν ἐφ' οἷσι νῦν ἐγὼ κακύνομαι;
σὺ δ' οὐκ ἀνέσχου· τοιγὰρ οὐκέτ' εὐκλεεῖς
θανούμεθ'. ἀλλὰ δεῖ με δὴ καινῶν λόγων.
οὗτος γὰρ ὀργῇ συντεθηγμένος φρένας
ἐρεῖ καθ' ἡμῶν πατρὶ σὰς ἁμαρτίας, 690
ἐρεῖ δὲ Πιτθεῖ τῷ γέροντι συμφοράς,
πλήσει τε πᾶσαν γαῖαν αἰσχίστων λόγων.

670 τίνα νῦν ἢ L P L² Σ : τίνα νῦν M A V B (τίνας νῦν B²) : τίν' αὖ νῦν Nauck   τίνας scripsi : λόγους M A V B L² : λόγον L P V² B² 671 κάθαμμα Σ : κάθμα M : καθ' ἅμμα (ἅμα primitus L B) rell. et Σ alius λύειν Musgrave : λύσιν L P B² : λύσειν M A V B (ex λύσσειν corr. M) λόγους M V : λόγου A B L P et unus Σ : λόγων B²   672 Φαιδ. praef. M V L P. Cf. 669   ἔτυχον L P   ἰὼ Heath : ὢ codd. 674 κρύψω φίλαι πῆμα L P B N   675 ἂν βροτῶν V L P N : ἀνθρώπων M A B   678 πέραν Wilamowitz : πόρον Kayser : παρὸν codd. et Σ δυσεκπέραντον M V   βίον L¹ et suprascr. A   679 κακοτυχεστάτων M   680 κατώρθωται M² A V   τέχνη A : τέχνης V (τέχναι V³) : κατώρθωται τέχναις Barthold : Σ singularem scribit, pluralem reddit   683 σε Wolff : σ' ὁ M A B L⁴ : ὁ V L P (ἐμοί Haun.)   688 δεῖ μοι δεῖ V   690 σὰς M A B² γρ. υ : τὰς B V L P 691 om. A   692 δὲ M A

ΙΠΠΟΛΥΤΟΣ

ὄλοιο καὶ σὺ χὤστις ἄκοντας φίλους
πρόθυμός ἐστι μὴ καλῶς εὐεργετεῖν.
Τρ. δέσποιν', ἔχεις μὲν τἀμὰ μέμψασθαι κακά· 695
τὸ γὰρ δάκνον σου τὴν διάγνωσιν κρατεῖ·
ἔχω δὲ κἀγὼ πρὸς τάδ', εἰ δέξῃ, λέγειν.
ἔθρεψά σ' εὔνους τ' εἰμί· τῆς νόσου δέ σοι
ζητοῦσα φάρμαχ' ηὗρον οὐχ ἀβουλόμην.
εἰ δ' εὖ γ' ἔπραξα, κάρτ' ἂν ἐν σοφοῖσιν ἦ· 700
πρὸς τὰς τύχας γὰρ τὰς φρένας κεκτήμεθα.
Φα. ἦ γὰρ δίκαια ταῦτα κἀξαρκοῦντά μοι,
τρῶσασαν ἡμᾶς εἶτα συγχωρεῖν λόγοις;
Τρ. μακρηγοροῦμεν· οὐκ ἐσωφρόνουν ἐγώ.
ἀλλ' ἔστι κἀκ τῶνδ' ὥστε σωθῆναι, τέκνον. 705
Φα. παῦσαι λέγουσα· καὶ τὰ πρὶν γὰρ οὐ καλῶς
παρῄνεσάς μοι κἀπεχείρησας κακά.
ἀλλ' ἐκποδὼν ἄπελθε καὶ σαυτῆς πέρι
φρόντιζ'· ἐγὼ γὰρ τἀμὰ θήσομαι καλῶς.
ὑμεῖς δέ, παῖδες εὐγενεῖς Τροζήνιαι, 710
τοσόνδε μοι παράσχετ' ἐξαιτουμένῃ,
σιγῇ καλύπτειν ἀνθάδ' εἰσηκούσατε.
Χο. ὄμνυμι σεμνὴν Ἄρτεμιν, Διὸς κόρην,
μηδὲν κακῶν σῶν ἐς φάος δείξειν ποτέ.
Φα. καλῶς ἔλεξας· ἐν δὲ †προτρέπουσ'† ἐγὼ 715
εὕρημα δῆτα τῆσδε συμφορᾶς ἔχω,
ὥστ' εὐκλεᾶ μὲν παισὶ προσθεῖναι βίον,
αὐτή τ' ὀνάσθαι πρὸς τὰ νῦν πεπτωκότα.
οὐ γάρ ποτ' αἰσχυνῶ γε Κρησίους δόμους,

700 κάρτα γ' ἐν A   ἦν codd.   702 ἦ καὶ M A B (sed ἦ γὰρ lemma Σ B)   κοὐξαρκοῦντα L   703 λόγους M (sed corr. ipse) O Haun. (ἰσολογεῖν καὶ ἐκ τῶν ἴσων ἀμφισβητεῖν Σ: unde ἰσηγορεῖν λόγοις Heimsoeth)   709 γὰρ A B L P: δὲ M V   712 καλύπτειν M A V: καλύψειν V² B D N: καλύψαθ' L P   713 κόραν V Haun. 715 Fortasse προρρέπουσ' : πρ**ρέπουσ' L (οτ inseruit l) : προστρέπουσ' B²: προτρέπουσ' rell. et, ut vid., Σ   716 δή τι L P B   718 τ'] δ' Canter   719 κρησίου L P

ΕΥΡΙΠΙΔΟΥ

οὐδ' ἐς πρόσωπον Θησέως ἀφίξομαι 720
αἰσχροῖς ἐπ' ἔργοις οὕνεκα ψυχῆς μιᾶς.
Χο. μέλλεις δὲ δὴ τί δρᾶν ἀνήκεστον κακόν;
Φα. θανεῖν· ὅπως δέ, τοῦτ' ἐγὼ βουλεύσομαι.
Χο. εὔφημος ἴσθι.   Φα. καὶ σύ γ' εὖ με νουθέτει.
ἐγὼ δὲ Κύπριν, ἥπερ ἐξόλλυσί με, 725
ψυχῆς ἀπαλλαχθεῖσα τῇδ' ἐν ἡμέρᾳ
τέρψω· πικροῦ δ' ἔρωτος ἡσσηθήσομαι.
ἀτὰρ κακόν γε χἀτέρῳ γενήσομαι
θανοῦσ', ἵν' εἰδῇ μὴ 'πὶ τοῖς ἐμοῖς κακοῖς
ὑψηλὸς εἶναι· τῆς νόσου δὲ τῆσδέ μοι 730
κοινῇ μετασχὼν σωφρονεῖν μαθήσεται.

Χο. Ἠλιβάτοις ὑπὸ κευθμῶσι γενοίμαν, [στρ.
ἵνα με πτεροῦσσαν ὄρνιν ἀγέλῃσι
  ποταναῖς θεὸς ἐνθείη·
ἀρθείην δ' ἐπὶ πόντιον 735
  κῦμα τᾶς Ἀδριηνᾶς
ἀκτᾶς Ἠριδανοῦ θ' ὕδωρ·
ἔνθα πορφύρεον σταλάσ-
σουσιν ἐς οἶδμα πατρὸς τάλαι-
ναι κόραι Φαέθοντος οἴ-
  κτῳ δακρύων 740
τὰς ἠλεκτροφαεῖς αὐγάς.

Ἑσπερίδων δ' ἐπὶ μηλόσπορον ἀκτὰν [ἀντ.
ἀνύσαιμι τᾶν ἀοιδῶν, ἵν' ὁ ποντο-
μέδων πορφυρέας λίμνας

723 ὅπως δ' ἐγὼ τοῦτο L P   724 Personarum notae erasae in L
728 γε M A V : δὲ L P B   χἀτέρῳ L P B N Σ : θατέρῳ M A V O
733, 734 θεὸς ἐν ποταναῖς ἀγέλῃσι θείη codd. (εἰνὶ et ἀγέλαις Dindorf) :
transposui metri causa   ἀγέλῃσι M L : ἀγέλαισι rell.   ποταναῖσιν
L : γρ. ποτωμέναις l   736 κῦμα bis M A   τῆς M   737 ἅλμας
Wecklein   738 σταλάσσουσιν omnes   739 τάλαιναι bis M
740 κοῦραι M Λ V   742 ἑσπερίων M   743 ἀοιδῶν L et Σ : ἀοιδᾶ/
(vel -δὰν) reliqui   743, 744 Fortasse ὁ πόντου μέδων/

ΙΠΠΟΛΥΤΟΣ

ναύταις οὐκέθ' ὁδὸν νέμει, 745
σεμνὸν τέρμονα κυρῶν
οὐρανοῦ, τὸν Ἄτλας ἔχει·
κρῆναί τ' ἀμβρόσιαι χέον-
ται Ζηνὸς μελάθρων παρὰ κοί-
ταις, ἵν' ἁ βιόδωρος αὔ-
ξει ζαθέα 750
χθὼν εὐδαιμονίαν θεοῖς.

ὦ λευκόπτερε Κρησία [στρ.
πορθμίς, ἃ διὰ πόντιον
κῦμ' ἁλίκτυπον ἅλμας
ἐπόρευσας ἐμὰν ἄνασσαν ὀλβίων ἀπ' οἴκων, 755
κακονυμφοτάταν ὄνασιν. ἦ γὰρ ἀπ' ἀμφοτέρων
ἁ Κρησίας ἐκ γᾶς δύσορ-
νις ἔπτατο κλεινὰς Ἀθή-
νας· Μουνίχου δ' ἀκταῖσιν ἐκ- 760
δήσαντο πλεκτὰς πεισμάτων
ἀρχάς, ἐπ' ἀ-
πείρου τε γᾶς ἔβασαν.

ἀνθ' ὧν, οὐχ ὁσίων ἐρώ- [ἀντ.
των δεινᾷ φρένας Ἀφροδί-
τας νόσῳ κατεκλάσθη·
χαλεπᾷ δ' ὑπέραντλος οὖσα συμφορᾷ τεράμνων
ἀπὸ νυμφιδίων κρεμαστὸν ἅψεται ἀμφὶ βρόχον 770
λευκᾷ καθαρμόζουσα δεί-

745 νέμοι M O   746 κυρῶν L P D Haun. V² B²: ναίων M A V
B N. Videtur Σ προσεγγίζειν reddere (ἀκυροῦν?)   749 κοίτας
M L: corr. M²: κοιτᾶς fort. Σ (ἐκ τῶν κοιτῶν, τῶν οἴκων) et ἀπὸ
suprascr. B: παρ' ἀκτᾶς Wecklein   750 ἵν' ἁ Valckenaer: ἵνα
codd. (ἵν' soli V B)   βιόδωρος A Σ: ὀλβιόδωρος rell.   751 θεοῖσιν
Seidler: θνατοῖς Brunck   754 ἁλίκτυπος Wakefield (-πον Σ)
758 ἁ (vel ἡ) fortasse unus Σ: ἢ codd.   759 ἔπτατο L P N:
ἔπτατ' ἐπὶ M A V B   760 Μουνιχίου L: μονυχίου V: μουνυχίου
rell.   δ' M A B: δ' ἐπ' V L P   771 δέρᾳ codd.

ΕΥΡΙΠΙΔΟΥ

ρᾶ, δαίμονα στυγνὸν καται-
δεσθεῖσα, τὰν δ' εὔδοξον ἀνθ-
αιρουμένα φήμαν, ἀπαλ-
λάσσουσά τ' ἀλ-
γεινὸν φρενῶν ἔρωτα. 775

ΤΡΟΦΟΣ ⟨ἔσωθεν⟩
ἰοὺ ἰού·
βοηδρομεῖτε πάντες οἱ πέλας δόμων·
ἐν ἀγχόναις δέσποινα, Θησέως δάμαρ.
Χο. — φεῦ φεῦ, πέπρακται· βασιλὶς οὐκέτ' ἔστι δὴ
γυνή, κρεμαστοῖς ἐν βρόχοις ἠρτημένη.
Τρ. οὐ σπεύσετ'; οὐκ οἴσει τις ἀμφιδέξιον 780
σίδηρον, ᾧ τόδ' ἅμμα λύσομεν δέρης;
Χο. — φίλαι, τί δρῶμεν; ἢ δοκεῖ περᾶν δόμους
λῦσαί τ' ἄνασσαν ἐξ ἐπισπαστῶν βρόχων;
— τί δ'; οὐ πάρεισι πρόσπολοι νεανίαι;
τὸ πολλὰ πράσσειν οὐκ ἐν ἀσφαλεῖ βίου. 785
Τρ. ὀρθώσατ' ἐκτείνοντες ἄθλιον νέκυν·
πικρὸν τόδ' οἰκούρημα δεσπόταις ἐμοῖς.
Χο. — ὄλωλεν ἡ δύστηνος, ὡς κλύω, γυνή·
ἤδη γὰρ ὡς νεκρόν νιν ἐκτείνουσι δή.

ΘΗΣΕΥΣ
γυναῖκες, ἴστε τίς ποτ' ἐν δόμοις βοή; 790
ἠχὼ βαρεῖα προσπόλων ἀφίκετο.

772 στυγνᾶν M   773 δ' Wilamowitz: om. M: τ' reliqui   774 ἀνθ-
αιρουμέναν M P (corr. *p*)   φήμαν L M P : φάμαν rell.   775 φρενῶν
ἔρωτα φρεσίν M : φρεσὶν ἔρωτα O   776 Τροφὸς ἔσωθεν scripsi ; cf. Σ
τινὲς βούλονται τὴν Τροφὸν ἔσωθεν ταῦτα λέγειν, ἔνιοι δὲ ἐξάγγελόν (ἐξαγ-
γέλλειν?) φασιν: Θερ. L P : 'Εξαγγ. ('Αγγ. M) ἰοὺ ἰού.   Τροφ. βοηδρο-
μεῖτε M A B V. Cf. Dram. Person. not.   πάντες om. M   δρόμῳ
L² P γρ. B   778 Χο.] τροφ. A   780 Τρο. M V : χορ. A (?) : ἀγγ.
L P B   782 Χορ. V L P : ἡμιχ. M Λ B ; 784 ἡμιχ. omnes ; 788 χορ.
omnes. Paragraphos addidi   785 τὰ P et mut. in τὸ L   πράσσειν
L P : πράττειν M A V B   786 Τρο. M A V : ἀγγ. L P B   ἐκτεί-
ναντες M A V   νεκρὸν L P   791 ἠχὴ Nauck   προσπόλων
⟨μ'⟩ Markland

ΙΠΠΟΛΥΤΟΣ

οὐ γάρ τί μ' ὡς θεωρὸν ἀξιοῖ δόμος
πύλας ἀνοίξας εὐφρόνως προσεννέπειν.
μῶν Πιτθέως τι γῆρας εἴργασται νέον;
πρόσω μὲν ἤδη βίοτος, ἀλλ' ὅμως ἔτ' ἂν   795
λυπηρὸς ἡμῖν τούσδ' ἂν ἐκλίποι δόμους.

Χο. οὐκ ἐς γέροντας ἥδε σοι τείνει τύχη,
Θησεῦ· νέοι θανόντες ἀλγυνοῦσί σε.

Θη. οἴμοι· τέκνων μοι μή τι συλᾶται βίος;

Χο. ζῶσιν, θανούσης μητρὸς ὡς ἄλγιστά σοι.   800

Θη. τί φῄς; ὄλωλεν ἄλοχος; ἐκ τίνος τύχης;

Χο. βρόχον κρεμαστὸν ἀγχόνης ἀνήψατο.

Θη. λύπῃ παχνωθεῖσ', ἢ ἀπὸ συμφορᾶς τινος;

Χο. τοσοῦτον ἴσμεν· ἄρτι γὰρ κἀγὼ δόμοις,
Θησεῦ, πάρειμι σῶν κακῶν πενθήτρια.   805

Θη. αἰαῖ· τί δῆτα τοῖσδ' ἀνέστεμμαι κάρα
πλεκτοῖσι φύλλοις, δυστυχὴς θεωρὸς ὤν;
χαλᾶτε κλῇθρα, πρόσπολοι, πυλωμάτων,
ἐκλύεθ' ἁρμούς, ὡς ἴδω πικρὰν θέαν   825
γυναικός, ἥ με κατθανοῦσ' ἀπώλεσεν.   810

Χο. — ἰὼ ἰὼ τάλαινα μελέων κακῶν·
ἔπαθες, εἰργάσω
τοσοῦτον ὥστε τούσδε συγχέαι δόμους.
— αἰαῖ τόλμας, ὦ βιαίως θανοῦσ'
ἀνοσίῳ τε συμφορᾷ, σᾶς χερὸς
πάλαισμα μελέας.   815
— τίς ἄρα σάν, τάλαιν', ἀμαυροῖ ζόαν;

793 πύλαις Μ Α   ἀνοίξας τ' Α   795 ἔστ' ἂν Μ V   796 ἐκλίπῃ Μ Α Ρ   799 ὤμοι Μ Α V   800 θανου⁂ primitus L : θανοῦσι Ρ   803 τίνος Μ   804 δόμους Α L P   806 κάραν Β   808 κλῇθρα L Β : κλει- reliqui   809 Talis versus legitur sine vv. ll. post 824 in Β V L P (etiam D N Haun.) non in Μ Α Ο. Hic ἐκλύσαθ' ἁρμοὺς ὡς ἴδω δυσδαίμονα (τὸν δαίμονα V O Haun.) codd., cum vv. ll. ἐκλύσασθ' V (-σατ' ἁρμοὺς Μ), γρ. ὁρμοὺς Β, et glossis τὴν τύχην Μ : τὴν δυστυχῆ Α   811 Χο.] Fortasse πρόσπολοι ἔσωθεν   813 ὦ Μ *l* : om. rell.   816 ζωάν codd. (-ην V)

ΕΥΡΙΠΙΔΟΥ

Θη. ὤμοι ἐγὼ πόνων· ἔπαθον, ὦ πόλις, [στρ.
τὰ μάκιστ' ἐμῶν κακῶν. ὦ τύχα,
ὥς μοι βαρεῖα καὶ δόμοις ἐπεστάθης,
κηλὶς ἄφραστος ἐξ ἀλαστόρων τινός. 820
κατακονᾷ μὲν οὖν ἀβίοτος βίου·
κακῶν δ', ὦ τάλας, πέλαγος εἰσορῶ
τοσοῦτον ὥστε μήποτ' ἐκνεῦσαι πάλιν,
μηδ' ἐκπερᾶσαι κῦμα τῆσδε συμφορᾶς. 824
τίνα λόγον τάλας, τίνα τύχαν σέθεν 826
βαρύποτμον, γύναι, προσαυδῶν τύχω;
ὄρνις γὰρ ὥς τις ἐκ χερῶν ἄφαντος εἶ,
πήδημ' ἐς Ἅιδου κραιπνὸν ὁρμήσασά μοι.
αἰαῖ αἰαῖ, μέλεα μέλεα τάδε πάθη. 830
πρόσωθεν δέ ποθεν ἀνακομίζομαι
τύχαν δαιμόνων
ἀμπλακίαισι τῶν πάροιθέν τινος.

Χο. οὐ σοὶ τάδ', ὦναξ, ἦλθε δὴ μόνῳ κακά,
πολλῶν μετ' ἄλλων δ' ὤλεσας κεδνὸν λέχος. 835

Θη. τὸ κατὰ γᾶς θέλω, τὸ κατὰ γᾶς κνέφας [ἀντ.
μετοικεῖν σκότῳ θανὼν ὁ τλάμων,
τῆς σῆς στερηθεὶς φιλτάτης ὁμιλίας·
ἀπώλεσας γὰρ μᾶλλον ἢ κατέφθισο.

817 Θη. om. M   οἴμοι B V (evanuit in M)   πόνων M (?) A V: παθέων B L P N O   ἔπαθον Haun.: ὧν (ὦ A) ἔπαθον rell.   πόλις M A V²: τάλας L: τάλαινα V B P   818 τύχη M A V   821 κατακονᾷ A L et mut. in κατακονᾷ V. Utrumque Σ   ἀβίοτος M (et O): ἀβίωτος rell.   822 κακῶ L: κακὸν P   ὁ τάλας M A V (ὦ Σ)   823 ὥστε L P B: ὡς M A V   ἐκπνεῦσαι M V O (-εύσαι M) 824 μήτ' M V   825 Vide ad v. 809   827 γύναι M A V: τλῆμον L P N: τλήμων B   829 κραιπνὸν] πικρὸν L P N   μοι] που γρ. μοι B (που Haun.)   830 αἶ quater M Λ V: bis L P B N μέλεα semel L V: corr. l v   831 ἀνακομίζομαι] -μεν suprascr. V 832, 833 Fortasse δαιμόνων τύχαν et τῶν τινος πάροιθεν: vid. ad 850. 851. sed cf. 837 = 818   834 Χο. om. M   τόδ' . . . κακόν V ἄναξ M A (non O)   ἐπῆλθε M O   835 δ' om. L P V   836 Θη. om. M   837 θανεῖν ὁ τλήμων L P ˏθανὼν ὁ τλάμων σκότῳ Enger)

ΙΠΠΟΛΥΤΟΣ

†τίνος κλύω; πόθεν θανάσιμος τύχα, 840
γύναι, σὰν ἔβα, τάλαινα, καρδίαν;†
εἴποι τις ἂν τὸ πραχθέν, ἢ μάτην ὄχλον
στέγει τύραννον δῶμα προσπόλων ἐμῶν;
ὤμοι μοι σέθεν, ...
μέλεος, οἷον εἶδον ἄλγος δόμων, 845
οὐ τλητὸν οὐδὲ ῥητόν. ἀλλ' ἀπωλόμην·
ἔρημος οἶκος, καὶ τέκν' ὀρφανεύεται.
ἔλιπες ⟨οὓς ἔτεκες,⟩ ἔλιπες, ὦ φίλα
γυναικῶν ἀρίστα θ' ὁπόσας ὁρᾷ
φέγγος ἀελίου 850
τε καὶ νυκτὸς ἀστερωπὸν σέλας.

Χο. ἰὼ τάλας· ὦ τάλας· ὅσον κακὸν ἔχει δόμος.
δάκρυσί μου βλέφαρα
καταχυθέντα τέγγεται σᾷ τύχᾳ·
τὸ δ' ἐπὶ τῷδε πῆμα φρίσσω πάλαι. 855

Θη. ἔα ἔα·
τί δή ποθ' ἥδε δέλτος ἐκ φίλης χερὸς
ἠρτημένη; θέλει τι σημῆναι νέον;
ἀλλ' ἦ λέχους μοι καὶ τέκνων ἐπιστολὰς
ἔγραψεν ἡ δύστηνος, ἐξαιτουμένη;
θάρσει, τάλαινα· λέκτρα γὰρ τὰ Θησέως 860
οὐκ ἔστι δῶμά θ' ἥτις εἴσεισιν γυνή.

840, 841 τίνος codd. et Σ. Versus in speciem trimetrorum iamb. corrupti   ἐπέβα M A γρ. V²: τάλαιν' ἔβα καρδίαν Elmsley   843 στύγει A: στέγοι P   ἐμὸν Valckenaer   844 ὤμοι M A: ἰώμοι B V L P   ὤμοι ἐγὼ τάλας, ὤμοι ἐγὼ σέθεν Wecklein   845 ἄλγος εἶδον V   848 notam Χορ. praefigunt codd. (et Σ ad 852). Del. Musgrave   ἔλειπες ἔλειπες ante rasuram M   οὓς ἔτεκες supplevi: ⟨αἰαῖ αἰαῖ⟩ initio versus Kirchhoff   849 ὁπόσαις V P   ὁρᾷ Nauck: ἐφορᾷ codd.   850 πέμφιξ ἀλίου Enger   851 ἀστερωπὸς (ἀστεροπὸς M A L) σελάνα (σελήνα P) codd. et Σ: corr. Jacobs: fortasse ἀστερωπῷ σελάνα. Cf. ad 832.   852 Χο Musgrave: choro continuat Σ: ἡμιχ. B V L P N: M sic, σελάνα ὦ (γρ. ἰὼ) τάλας.   Θησ. ὦ τάλας   854 τᾷ σᾷ B V P (τέγκεται * σᾷ L)   855 ἐπὶ τόδε M   856 Θη. notam om. M   δὴ om. M A   ἥδε] ἡ L P   857 σημᾶναι V L P N   861 δώμαθ' B V

ΕΥΡΙΠΙΔΟΥ

καὶ μὴν τύποι γε σφενδόνης χρυσηλάτου
τῆς οὐκέτ' οὔσης τῆσδε προσσαίνουσί με.
φέρ', ἐξελίξας περιβολὰς σφραγισμάτων
ἴδω τί λέξαι δέλτος ἥδε μοι θέλει.   865
Χο. — φεῦ φεῦ· τόδ' αὖ νεοχμὸν ἐκδοχαῖς
ἐπιφέρει θεὸς κακόν. ἐμοὶ μὲν οὖν
ἀβίοτος βίου τύχα †πρὸς τὸ κρανθέν· εἴη τυχεῖν.†
— ὀλομένους γάρ, οὐκέτ' ὄντας λέγω,
φεῦ φεῦ, τῶν ἐμῶν τυράννων δόμους.   870
— ὦ δαῖμον, εἴ πως ἔστι, μὴ σφήλῃς δόμους,
αἰτουμένης δὲ κλῦθί μου· πρὸς γάρ τινος
οἰωνὸν ὥστε μάντις εἰσορῶ κακοῦ.
Θη. οἴμοι· τόδ' οἷον ἄλλο πρὸς κακῷ κακόν,
οὐ τλητὸν οὐδὲ λεκτόν. ὦ τάλας ἐγώ.   875
Χο. τί χρῆμα; λέξον, εἴ τί μοι λόγου μέτα.
Θη. βοᾷ βοᾷ δέλτος ἄλαστα. πᾷ φύγω
βάρος κακῶν; ἀπὸ γὰρ ὀλόμενος οἴχομαι,
οἷον οἷον εἶδον [ἐν] γραφαῖς μέλος
φθεγγόμενον τλάμων.   880
Χο. αἰαῖ, κακῶν ἀρχηγὸν ἐκφαίνεις λόγον.
Θη. τόδε μὲν οὐκέτι στόματος ἐν πύλαις
καθέξω δυσεκπέρατον, ὀλοὸν
κακόν· ἰὼ πόλις.
Ἱππόλυτος εὐνῆς τῆς ἐμῆς ἔτλη θιγεῖν   885
βίᾳ, τὸ σεμνὸν Ζηνὸς ὄμμ' ἀτιμάσας.

863 τῆσδε] οἶδε Wilamowitz   855 *δε L, corr. *l*   866 ἐνδοχαῖς
B¹   867 ἐπιφέρει Μ Α Ο Σ (ut vid.) : ἐπεισφέρει Β V L P N   κακόν
om. L P   868 ἀβίωτος A B V. Ultima verba corrupta : eadem
habuit Σ : τύχα· πρὸς τὸ κρανθὲν δ' Wilamowitz : fortasse ἵει δ' εὐχάν.
Cf. 871, et El. 592   871–873 ἔν τισιν οὐ φέρονται οὗτοι Σ B. Del.
Nauck   871 σφάλῃς Μ Α   δόμον B   872 δὲ] γὰρ L P
873 οἰωνῶν V Μ¹ (ex corr.) Σ   κακοῦ L P B² : κακόν Μ A V B Σ
875 del. Wilamowitz   877 πᾷ Μ A : ποῦ B V L P   878 κακὸν
B P   879 ἐν del. Wilamowitz   880 τλήμων B V P : τλῆμον L
882 τόδ' ἐμὸν Μ Ο v   883 δυσεκπέρατον Μ Ο   883. 884 ὀλοὸν
et πόλις semel Μ A : bis B V L P   884 ἰὼ Elmsley : ὦ codd.
885 τῆς ἐμῆς εὐνῆς V L P (corr. *l*)

ΙΠΠΟΛΥΤΟΣ

ἀλλ', ὦ πάτερ Πόσειδον, ἃς ἐμοί ποτε
ἀρὰς ὑπέσχου τρεῖς, μιᾷ κατέργασαι
τούτων ἐμὸν παῖδ', ἡμέραν δὲ μὴ φύγοι
τήνδ', εἴπερ ἡμῖν ὤπασας σαφεῖς ἀράς. 890
Χο. ἄναξ, ἀπεύχου ταῦτα πρὸς θεῶν πάλιν·
γνώσῃ γὰρ αὖθις ἀμπλακών. ἐμοὶ πιθοῦ.
Θη. οὐκ ἔστι· καὶ πρός γ' ἐξελῶ σφε τῆσδε γῆς,
δυοῖν δὲ μοίραιν θατέρᾳ πεπλήξεται·
ἢ γὰρ Ποσειδῶν αὐτὸν εἰς Ἅιδου δόμους 895
θανόντα πέμψει τὰς ἐμὰς ἀρὰς σέβων,
ἢ τῆσδε χώρας ἐκπεσὼν ἀλώμενος
ξένην ἐπ' αἶαν λυπρὸν ἀντλήσει βίον.
Χο. καὶ μὴν ὅδ' αὐτὸς παῖς σὸς ἐς καιρὸν πάρα,
Ἱππόλυτος· ὀργῆς δ' ἐξανεὶς κακῆς, ἄναξ 900
Θησεῦ, τὸ λῷστον σοῖσι βούλευσαι δόμοις.
Ιπ. κραυγῆς ἀκούσας σῆς ἀφικόμην, πάτερ,
σπουδῇ· τὸ μέντοι πρᾶγμ' ἐφ' ᾧτινι στένεις
οὐκ οἶδα, βουλοίμην δ' ἂν ἐκ σέθεν κλύειν.
ἔα, τί χρῆμα; σὴν δάμαρθ' ὁρῶ, πάτερ, 905
νεκρόν· μεγίστου θαύματος τόδ' ἄξιον·
ἣν ἀρτίως ἔλειπον, ἣ φάος τόδε
οὔπω χρόνον παλαιὸν εἰσεδέρκετο.
τί χρῆμα πάσχει; τῷ τρόπῳ διόλλυται;
πάτερ, πυθέσθαι βούλομαι σέθεν πάρα. 910
σιγᾷς· σιωπῆς δ' οὐδὲν ἔργον ἐν κακοῖς·
ἡ γὰρ ποθοῦσα πάντα καρδία κλύειν
κἀν τοῖς κακοῖσι λίχνος οὖσ' ἁλίσκεται.
οὐ μὴν φίλους γε κἄτι μᾶλλον ἢ φίλους
κρύπτειν δίκαιον σάς, πάτερ, δυσπραξίας. 915

888 κατείργασαι Μ   891 ἀνεύχου Valckenaer   895 Ἅιδου
πύλας Μ (δόμου Ο)   899 καινὸν Μ : corr. Μ·   903 ᾧτινιν Ρ :
ᾧτε νῦν Ν D : ᾧ τὰ νῦν Chr. Pat. 844   907 ἢ Μ²V² : ἢ Μ Α : εἰς
Β V L P   908 χρόνος παλαιὸς Lehrs   911 δ' om. V. Versum
om. Chr. Pat. 860-865 (= Hip. 907-913)   912 καρδία πάντ' εἰδέναι
Chr. Pat.

ΕΥΡΙΠΙΔΟΥ

Θη. ὦ πόλλ' ἁμαρτάνοντες ἄνθρωποι μάτην,
τί δὴ τέχνας μὲν μυρίας διδάσκετε
καὶ πάντα μηχανᾶσθε κἀξευρίσκετε,
ἓν δ' οὐκ ἐπίστασθ' οὐδ' ἐθηράσασθέ πω,
φρονεῖν διδάσκειν οἷσιν οὐκ ἔνεστι νοῦς; 920
Ιπ. δεινὸν σοφιστὴν εἶπας, ὅστις εὖ φρονεῖν
τοὺς μὴ φρονοῦντας δυνατός ἐστ' ἀναγκάσαι.
ἀλλ' οὐ γὰρ ἐν δέοντι λεπτουργεῖς, πάτερ,
δέδοικα μή σου γλῶσσ' ὑπερβάλῃ κακοῖς.
Θη. φεῦ, χρῆν βροτοῖσι τῶν φίλων τεκμήριον 925
σαφές τι κεῖσθαι καὶ διάγνωσιν φρενῶν,
ὅστις τ' ἀληθής ἐστιν ὅς τε μὴ φίλος,
δισσάς τε φωνὰς πάντας ἀνθρώπους ἔχειν,
τὴν μὲν δικαίαν, τὴν δ' ὅπως ἐτύγχανεν,
ὡς ἡ φρονοῦσα τἄδικ' ἐξηλέγχετο 930
πρὸς τῆς δικαίας, κοὐκ ἂν ἠπατώμεθα.
Ιπ. ἀλλ' ἦ τις ἐς σὸν οὖς με διαβαλὼν ἔχει
φίλων, νοσοῦμεν δ' οὐδὲν ὄντες αἴτιοι;
ἔκ τοι πέπληγμαι· σοὶ γὰρ ἐκπλήσσουσί με
λόγοι παραλλάσσοντες ἔξεδροι φρενῶν. 935
Θη. φεῦ τῆς βροτείας· ποῖ προβήσεται; φρενός.
τί τέρμα τόλμης καὶ θράσους γενήσεται;
εἰ γὰρ κατ' ἀνδρὸς βίοτον ἐξογκώσεται,
ὁ δ' ὕστερος τοῦ πρόσθεν εἰς ὑπερβολὴν
πανοῦργος ἔσται, θεοῖσι προσβαλεῖν χθονὶ 940
ἄλλην δεήσει γαῖαν, ἢ χωρήσεται
τοὺς μὴ δικαίους καὶ κακοὺς πεφυκότας.
σκέψασθε δ' ἐς τόνδ', ὅστις ἐξ ἐμοῦ γεγὼς

916 πολλὰ μανθάνοντες Markland (πολλὰ ἐπιστάμενοι Σ)   919 ἐν δ']
ἔνθ' A   οὐδὲ θηρᾶσθε V L   920 αἷσιν οὐκ ἔστι A²   924 ὑπερ-
βάλλοι M O : ὑπερβάλοι B V   926 διαγνωστὸν L: corr. L² vel *l*
927 ὅστις μὴ L O   928 τε] δὲ V P   931 οὐκ ἂν V: corr. *v*
932 ἢ A B (ἢ) Σ : εἴ rell. suprascr. B   933 δ' om. V et fort. L :
corr. L² *v*   934 ἤ τοι A   μοι M   941 ἢ A L P   942 τοὺς]
τὰς V

ΙΠΠΟΛΥΤΟΣ

ᾔσχυνε τἀμὰ λέκτρα κἀξελέγχεται
πρὸς τῆς θανούσης ἐμφανῶς κάκιστος ὤν. 945
δεῖξον δ', ἐπειδή γ' ἐς μίασμ' ἐλήλυθας,
τὸ σὸν πρόσωπον δεῦρ' ἐναντίον πατρί.
σὺ δὴ θεοῖσιν ὡς περισσὸς ὢν ἀνὴρ
ξύνει; σὺ σώφρων καὶ κακῶν ἀκήρατος;
οὐκ ἂν πιθοίμην τοῖσι σοῖς κόμποις ἐγὼ 950
θεοῖσι προσθεὶς ἀμαθίαν φρονεῖν κακῶς.
†ἤδη νυν αὔχει καὶ δι' ἀψύχου βορᾶς
σίτοις† καπήλευ', Ὀρφέα τ' ἄνακτ' ἔχων
βάκχευε πολλῶν γραμμάτων τιμῶν καπνούς·
ἐπεί γ' ἐλήφθης. τοὺς δὲ τοιούτους ἐγὼ 955
φεύγειν προφωνῶ πᾶσι· θηρεύουσι γὰρ
σεμνοῖς λόγοισιν, αἰσχρὰ μηχανώμενοι.
τέθνηκεν ἥδε· τοῦτό σ' ἐκσώσειν δοκεῖς;
ἐν τῷδ' ἁλίσκῃ πλεῖστον, ὦ κάκιστε σύ·
ποῖοι γὰρ ὅρκοι κρείσσονες, τίνες λόγοι 960
τῆσδ' ἂν γένοιντ' ἄν, ὥστε σ' αἰτίαν φυγεῖν;
μισεῖν σε φήσεις τήνδε καὶ τὸ δὴ νόθον
τοῖς γνησίοισι πολέμιον πεφυκέναι·
κακὴν ἄρ' αὐτὴν ἔμπορον βίου λέγεις,
εἰ δυσμενείᾳ σῇ τὰ φίλτατ' ὤλεσεν. 965
ἀλλ' ὡς τὸ μῶρον ἀνδράσιν μὲν οὐκ ἔνι,
γυναιξὶ δ' ἐμπέφυκεν; οἶδ' ἐγὼ νέους,
οὐδὲν γυναικῶν ὄντας ἀσφαλεστέρους,
ὅταν ταράξῃ Κύπρις ἡβῶσαν φρένα·
τὸ δ' ἄρσεν αὐτοὺς ὠφελεῖ προσκείμενον. 970

946 ἐλήλυθας codd. et Σ: ἐλήλυθα Musgrave 950 πυθοίμην A et ante ras. M (?) 952, 953 σίτοις νυν αὔχει καὶ ... ἰὼν (δόξαν Wecklein) καπήλευ' Nauck 953 σίτοις] σιγὰς Goram Ὀρφέως ἄνακτ' M ('Ορφέ' ὡς M²) 954 πολιῶν Musgrave καπνοῖς M: corr. M² 956 θηρεύσουσι M 958 ἐκσώζειν A 961 γένοιτ' M P (D O) 962 μισεῖν γε P et sine dubio L: corr. ι 963 γνησίοις σου P 965 ἢ δυσγένεια σῇ M: ἢ δυσμένεια σῇ M: δυσγένεια γρ. v τὰ φίλα τ' A² in ras. ἀπώλεσεν V N et ut vid. primitus L

ΕΥΡΙΠΙΔΟΥ

νῦν οὖν—τί ταῦτα σοῖς ἀμιλλῶμαι λόγοις
νεκροῦ παρόντος μάρτυρος σαφεστάτου;
ἔξερρε γαίας τῆσδ' ὅσον τάχος φυγάς,
καὶ μήτ' Ἀθήνας τὰς θεοδμήτους μόλῃς,
μήτ' εἰς ὅρους γῆς ἧς ἐμὸν κρατεῖ δόρυ.   973
εἰ γὰρ παθών γε σοῦ τάδ' ἡσσηθήσομαι,
οὐ μαρτυρήσει μ' Ἴσθμιος Σίνις ποτὲ
κτανεῖν ἑαυτόν, ἀλλὰ κομπάζειν μάτην,
οὐδ' αἱ θαλάσσῃ σύννομοι Σκιρωνίδες
φήσουσι πέτραι τοῖς κακοῖς μ' εἶναι βαρύν.   980
Χο. οὐκ οἶδ' ὅπως εἴποιμ' ἂν εὐτυχεῖν τινα
θνητῶν· τὰ γὰρ δὴ πρῶτ' ἀνέστραπται πάλιν.
Ιπ. πάτερ, μένος μὲν ξύστασίς τε σῶν φρενῶν
δεινή· τὸ μέντοι πρᾶγμ' ἔχον καλοὺς λόγους,
εἴ τις διαπτύξειεν, οὐ καλὸν τόδε.   985
ἐγὼ δ' ἄκομψος εἰς ὄχλον δοῦναι λόγον,
ἐς ἥλικας δὲ κὠλίγους σοφώτερος.
ἔχει δὲ μοῖραν καὶ τόδ'· οἱ γὰρ ἐν σοφοῖς
φαῦλοι παρ' ὄχλῳ μουσικώτεροι λέγειν.
ὅμως δ' ἀνάγκη, ξυμφορᾶς ἀφιγμένης,   990
γλῶσσάν μ' ἀφεῖναι. πρῶτα δ' ἄρξομαι λέγειν,
ὅθεν μ' ὑπῆλθες πρῶτον ὡς διαφθερῶν
κοὐκ ἀντιλέξοντ'. εἰσορᾷς φάος τόδε
καὶ γαῖαν· ἐν τοῖσδ' οὐκ ἔνεστ' ἀνὴρ ἐμοῦ,
οὐδ' ἢν σὺ μὴ φῇς, σωφρονέστερος γεγώς.   995
ἐπίσταμαι γὰρ πρῶτα μὲν θεοὺς σέβειν,

971 νῦν οὖν] τί οὖν P   973 ἔξερρ* L: corr. l   φυγὰς τάχος
M O   975 ὅρον V: corr. v   976 ἡττηθήσομαι A   978 γε
αὐτόν A   979 οὐδ' ἐν M: οὐδὲ L   θαλάσσῃ M suprascr. v:
θαλάσσης rell.   σκιρωνίδες O (casu, opinor): σκιρρ- L: σκειρ- rell.
983 ξύντασις Herwerden (ξύστασις Σ)   984 ἔχω P: corr. p   καλοὺς
M A B Σ γρ. V: πολλοὺς V L P   986 λόγους M A² v: γρ. ἀναιδιῶν
v (λόγον Plut. de lib. ed. p. 6: λόγους Cramer, Anecd. i. p. 292)
990 ξυμφορᾶς A: συμ- rell.   992 πρῶτον M A B Σ γρ. v
Chr. Pat. 520: πρότερον V L P   993 κοὐκ codd. et Σ: οὐκ
Markland

ΙΠΠΟΛΥΤΟΣ

φίλοις τε χρῆσθαι μὴ ἀδικεῖν πειρωμένοις,
ἀλλ' οἷσιν αἰδὼς μήτ' ἐπαγγέλλειν κακὰ
μήτ' ἀνθυπουργεῖν αἰσχρὰ τοῖσι χρωμένοις·
οὐκ ἐγγελαστὴς τῶν ὁμιλούντων, πάτερ,   1000
ἀλλ' αὐτὸς οὐ παροῦσι κἀγγὺς ὢν φίλοις.
ἑνὸς δ' ἄθικτος, ᾧ με νῦν ἑλεῖν δοκεῖς·
λέχους γὰρ ἐς τόδ' ἡμέρας ἁγνὸν δέμας·
οὐκ οἶδα πρᾶξιν τήνδε πλὴν λόγῳ κλύων
γραφῇ τε λεύσσων· οὐδὲ ταῦτα γὰρ σκοπεῖν   1005
πρόθυμός εἰμι, παρθένον ψυχὴν ἔχων.
καὶ δὴ τὸ σῶφρον τοὐμὸν οὐ πείθει σ'· ἴτω·
δεῖ δή σε δεῖξαι τῷ τρόπῳ διεφθάρην.
πότερα τὸ τῆσδε σῶμ' ἐκαλλιστεύετο
πασῶν γυναικῶν; ἢ σὸν οἰκήσειν δόμον   1010
ἔγκληρον εὐνὴν προσλαβὼν ἐπήλπισα;
μάταιος ἆρ' ἦν, οὐδαμοῦ μὲν οὖν φρενῶν.
ἀλλ' ὡς τυραννεῖν ἡδύ; τοῖσι σώφροσιν
ἥκιστά γ', εἰ μὴ τὰς φρένας διέφθορεν
θνητῶν ὅσοισιν ἁνδάνει μοναρχία.   1015
ἐγὼ δ' ἀγῶνας μὲν κρατεῖν Ἑλληνικοὺς
πρῶτος θέλοιμ' ἄν, ἐν πόλει δὲ δεύτερος
σὺν τοῖς ἀρίστοις εὐτυχεῖν ἀεὶ φίλοις.
πράσσειν τε γὰρ πάρεστι, κίνδυνός τ' ἀπὼν
κρείσσω δίδωσι τῆς τυραννίδος χάριν.   1020

997 πειρώμενος A   998 ἐπαγγέλλειν Milton ex Σ : ἀπαγγέλλειν codd. (-έλειν M L)   1000 κοὺκ V   1001 αὐτὸς ut vid. omnes (αὐτὸς Σ)   φίλοις V L P : φίλος M A B. Utrumque Σ et B²   1002 ᾧ] οὗ Tournier (ἐν ᾧ . . . ληφθῆναι Σ)   ἑλεῖν] ἔχειν V L   1003 ἁγνὸν ἐς τ. ἡ. δέμας Chr. Pat. 521   1004 οὐκ M A : κοὺκ rell.   1005 ταῦτ' ἄγαν Kirchhoff   1007 κεἰ μὴ A   ἴτω· scripsi : ἴσως codd.   1011 εὐνῇ M γρ. V² (εὐνὴν Σ)   1012 κοὐδαμοῦ L, teste Pultonio   οὖν V B L : om. P : ἦν M A V²   φρενῶν Markland ex Σ (οὐδαμοῦ συνέσεως ἦν) : φρονῶν codd.   1013 Punctum post σώφροσιν, non post ἡδὺ codd. : post ἡδὺ fortasse unus Σ   1014 διέφθειρεν M (ἥκιστα· τιμὴ Weil)   1016 κρατῶν V : γρ. κρατεῖν v   1019 τε γὰρ M B O : γὰρ εὖ rell. et Σ   τ' M A B : δ' V L P   1020 τῆς] τοῖς M

ΕΥΡΙΠΙΔΟΥ

ἐν οὐ λέλεκται τῶν ἐμῶν, τὰ δ' ἄλλ' ἔχεις·
εἰ μὲν γὰρ ἦν μοι μάρτυς οἷός εἰμ' ἐγώ,
καὶ τῆσδ' ὁρώσης φέγγος ἠγωνιζόμην,
ἔργοις ἂν εἶδες τοὺς κακοὺς διεξιών·
νῦν δ' ὅρκιόν σοι Ζῆνα καὶ πέδον χθονὸς   1025
ὄμνυμι τῶν σῶν μήποθ' ἅψασθαι γάμων
μηδ' ἂν θελῆσαι μηδ' ἂν ἔννοιαν λαβεῖν.
ἦ τἄρ' ὀλοίμην ἀκλεὴς ἀνώνυμος,
ἄπολις ἄοικος, φυγὰς ἀλητεύων χθόνα,
καὶ μήτε πόντος μήτε γῆ δέξαιτό μου   1030
σάρκας θανόντος, εἰ κακὸς πέφυκ' ἀνήρ.
εἰ δ' ἥδε δειμαίνουσ' ἀπώλεσεν βίον
οὐκ οἶδ'· ἐμοὶ γὰρ οὐ θέμις πέρα λέγειν.
ἐσωφρόνησεν οὐκ ἔχουσα σωφρονεῖν,
ἡμεῖς δ' ἔχοντες οὐ καλῶς ἐχρώμεθα.   1035
Χο. ἀρκοῦσαν εἶπας αἰτίας ἀποστροφήν,
ὅρκους παρασχών, πίστιν οὐ σμικράν, θεῶν.
Θη. ἆρ' οὐκ ἐπῳδὸς καὶ γόης πέφυχ' ὅδε,
ὃς τὴν ἐμὴν πέποιθεν εὐοργησίᾳ
ψυχὴν κρατήσειν, τὸν τεκόντ' ἀτιμάσας;   1040
Ιπ. καὶ σοῦ γε ταὐτὰ κάρτα θαυμάζω, πάτερ·
εἰ γὰρ σὺ μὲν παῖς ἦσθ', ἐγὼ δὲ σὸς πατήρ,
ἔκτεινά τοί σ' ἂν κοὐ φυγαῖς ἐζημίουν,
εἴπερ γυναικὸς ἠξίουν σ' ἐμῆς θιγεῖν.
Θη. ὡς ἄξιον τόδ' εἶπας· οὐχ οὕτω θανῇ.   1045
ταχὺς γὰρ Ἅιδης ῥᾷστος ἀνδρὶ δυστυχεῖ·   1047

1023 καὶ] ἢ Wilamowitz   1024 εἷλες Reiske   1025 χθονὸς πέδον M O   1028 Post ὀλοίμην add. ἄπολις V   1029 Cf. 1048, del. Valckenaer: om. Chr. Pat. 526-529 (= Hip. 1027-1029) sed id nullius momenti   1033 πέρα θέμις A   1034 ἐσωφρόνησε δ' Μ Α Β v   γρ. οὐχ ἑκοῦσα Σ   (ἔχουσ' ἀσωφρονεῖν Mahaffy et Bury)   1038 οὐ γόης A   1039 εὐοργησίᾳ mut. in εὐορκησίᾳ A V B L: εὐοργηΐα M: εὐορκία M²: εὐοργησίᾳ P Σ   1041 ταῦτα κάρτα L: πάντα ταῦτα P: κάρτα ταῦτα rell. (εἰ ταῦτα καρτερεῖς Σ)   1044 ἠξίουν M L P B² Σ: ἠξίους A V M² B D N   σ' A L P B²: γ' B: om. M V (ἠξίους γ' O)   1047 δυσσεβεῖ Μ Α Σ

ΙΠΠΟΛΥΤΟΣ

ἀλλ' ἐκ πατρῴας φυγὰς ἀλητεύων χθονὸς 1048
ὥσπερ σὺ σαυτῷ τόνδε προύθηκας νόμον— 1046
[ξένην ἐπ' αἶαν λυπρὸν ἀντλήσεις βίον· 1049
μισθὸς γὰρ οὗτός ἐστιν ἀνδρὶ δυσσεβεῖ.] 1050

Ιπ. οἴμοι, τί δράσεις; οὐδὲ μηνυτὴν χρόνον
δέξῃ καθ' ἡμῶν, ἀλλά μ' ἐξελᾷς χθονός;

Θη. πέραν γε πόντου καὶ τόπων Ἀτλαντικῶν,
εἴ πως δυναίμην, ὡς σὸν ἐχθαίρω κάρα.

Ιπ. οὐδ' ὅρκον οὐδὲ πίστιν οὐδὲ μάντεων 1055
φήμας ἐλέγξας ἄκριτον ἐκβαλεῖς με γῆς;

Θη. ἡ δέλτος ἥδε κλῆρον οὐ δεδεγμένη
κατηγορεῖ σου πιστά· τοὺς δ' ὑπὲρ κάρα
φοιτῶντας ὄρνις πόλλ' ἐγὼ χαίρειν λέγω.

Ιπ. ὦ θεοί, τί δῆτα τοὐμὸν οὐ λύω στόμα, 1060
ὅστις γ' ὑφ' ὑμῶν, οὓς σέβω, διόλλυμαι;
οὐ δῆτα· πάντως οὐ πίθοιμ' ἂν οὕς με δεῖ,
μάτην δ' ἂν ὅρκους συγχέαιμ' οὓς ὤμοσα.

Θη. οἴμοι, τὸ σεμνὸν ὥς μ' ἀποκτενεῖ τὸ σόν.
οὐκ εἶ πατρῴας ἐκτὸς ὡς τάχιστα γῆς; 1065

Ιπ. ποῖ δῆθ' ὁ τλήμων τρέψομαι; τίνος ξένων
δόμους ἔσειμι, τῇδ' ἐπ' αἰτίᾳ φυγών;

Θη. ὅστις γυναικῶν λυμεῶνας ἥδεται
ξένους κομίζων καὶ ξυνοικούρους κακῶν.

Ιπ. αἰαῖ, πρὸς ἧπαρ· δακρύων [τ'] ἐγγὺς τόδε, 1070
εἰ δὴ κακός γε φαίνομαι, δοκῶ τέ σοι.

Θη. τότε στενάζειν καὶ προγιγνώσκειν σ' ἐχρῆν

1046 transposuit Weil   1049 del. Weil. Cf. 898   1050 ἐστιν
οὗτος V L P   ἐν πολλοῖς οὐ φέρεται οὗτος ὁ ἴαμβος Σ. Delet Weil
1053 καὶ τόπων V L P (τόπον P: corr. p) γρ. A: τερμόνων τ' A O:
τερμόνων M B. Cf. v. 3   1056 ἐλέγχων A B   1059 ὄρνεις
M V   1060 λύω Elmsley: λύσω codd.   1061 ἡμῶν M V P O
1062 πείθοιμ' se corrigens M¹: πύθοιμ' A   οἷς P   1064 ἀποκτενεῖ
V B L P: ἀποκτείνει M A γρ. v   1065 ὡς τ. γ. ἐκτός L P
1066 δῆθ' ὁ M A B v: δῆτα V L P   1069 ξυνοικούρους L P: συνοι-
κουροὺς rell.: συνοικουργοὺς V (συνεργάτας τῶν κακῶν Σ)   κακῶν]
δόμων Wilamowitz   1070 τ' del. Wilamowitz   1071 κακός
τε V L P   1072 τότε δὴ V   σ' om. V L P

ΕΥΡΙΠΙΔΟΥ

ὅτ' ἐς πατρῷαν ἄλοχον ὑβρίζειν ἔτλης.
Ιπ. ὦ δώματ', εἴθε φθέγμα γηρύσαισθέ μοι
καὶ μαρτυρήσαιτ' εἰ κακὸς πέφυκ' ἀνήρ. 1075
Θη. ἐς τοὺς ἀφώνους μάρτυρας φεύγεις σοφῶς·
τὸ δ' ἔργον οὐ λέγον σε μηνύει κακόν.
Ιπ. φεῦ·
εἴθ' ἦν ἐμαυτὸν προσβλέπειν ἐναντίον
στάνθ', ὡς ἐδάκρυσ' οἷα πάσχομεν κακά.
Θη. πολλῷ γε μᾶλλον σαυτὸν ἤσκησας σέβειν 1080
ἢ τοὺς τεκόντας ὅσια δρᾶν δίκαιος ὤν.
Ιπ. ὦ δυστάλαινα μῆτερ, ὦ πικραὶ γοναί·
μηδείς ποτ' εἴη τῶν ἐμῶν φίλων νόθος.
Θη. οὐχ ἕλξετ' αὐτόν, δμῶες; οὐκ ἀκούετε
πάλαι ξενοῦσθαι τόνδε προυννέποντά με; 1085
Ιπ. κλαίων τις αὐτῶν ἆρ' ἐμοῦ τεθίξεται·
σὺ δ' αὐτός, εἴ σοι θυμός, ἐξώθει χθονός.
Θη. δράσω τάδ', εἰ μὴ τοῖς ἐμοῖς πείσῃ λόγοις·
οὐ γάρ τις οἶκτος σῆς μ' ὑπέρχεται φυγῆς.

Ιπ. ἄραρεν, ὡς ἔοικεν· ὦ τάλας ἐγώ· 1090
ὡς οἶδα μὲν ταῦτ', οἶδα δ' οὐχ ὅπως φράσω.
ὦ φιλτάτη μοι δαιμόνων Λητοῦς κόρη,
σύνθακε, συγκύναγε, φευξόμεσθα δὴ
κλεινὰς Ἀθήνας. ἀλλὰ χαιρέτω πόλις
καὶ γαῖ' Ἐρεχθέως· ὦ πέδον Τροζήνιον, 1095
ὡς ἐγκαθηβᾶν πόλλ' ἔχεις εὐδαίμονα,
χαῖρ'· ὕστατον γάρ σ' εἰσορῶν προσφθέγγομαι.
ἴτ' ὦ νέοι μοι τῆσδε γῆς ὁμήλικες,

1074 γηρύσαισθε L aut L²: γηρύσεσθε MVBPNO: γηρύεσθε A
1075 μαρτυρήσαιτ' L²: μαρτυρήσετ' MVBNO: μαρτυρήσατ' LPA
1076 ἀφθόγγους et φεύγει M   σοφῶς γρ. Σ, et inde suprascr. B: σαφῶς codd. et Σ, puncto post φεύγεις posito   1077 τόδ' LP δεικνύει V (γρ. μηνύει v)   1085 τῶδε LP   1086 τεθίξεται M: γε θίξεται rell.   1089 ἐπέρχεται MA   1092 κόρα VBLP
1093 φευξόμεσθα LP (-εθα P): φευξούμ. rell.   1094 χαίρετ' ὦ Porson
1095 γᾶ MA   ἐρεχθέος M   1097 ὕστερον V: γρ. ὕστατον v
σ' om. MA

ΙΠΠΟΛΥΤΟΣ

προσείπαθ' ἡμᾶς καὶ προπέμψατε χθονός·
ὡς οὔποτ' ἄλλον ἄνδρα σωφρονέστερον   1100
ὄψεσθε, κεἰ μὴ ταῦτ' ἐμῷ δοκεῖ πατρί.

Χο. Κυνηγῶν
ἦ μέγα μοι τὰ θεῶν μελεδήμαθ', ὅταν φρένας ἔλθῃ, [στρ.
λύπας παραιρεῖ· ξύνεσιν δέ τιν' ἐλπίδι κεύθων   1105
λείπομαι ἔν τε τύχαις θνατῶν καὶ ἐν ἔργμασι λεύσσων·
ἄλλα γὰρ ἄλλοθεν ἀμείβεται, μετὰ δ' ἵσταται ἀνδράσιν
  αἰὼν
πολυπλάνητος αἰεί.   1110

Χο.
εἴθε μοι εὐξαμένᾳ θεόθεν τάδε μοῖρα παράσχοι,   [ἀντ.
τύχαν μετ' ὄλβου καὶ ἀκήρατον ἄλγεσι θυμόν·
δόξα δὲ μήτ' ἀτρεκὴς μήτ' αὖ παράσημος ἐνείη·   1115
ῥᾴδια δ' ἤθεα τὸν αὔριον μεταβαλλομένα χρόνον αἰεὶ
βίον συνευτυχοίην.

Χο. Κυνηγῶν
οὐκέτι γὰρ καθαρὰν φρέν' ἔχω ⟨τὰ⟩ παρ' ἐλπίδα λεύσ-
  σων,   [στρ.
ἐπεὶ τὸν Ἑλλανίας   1121
  φανερώτατον ἀστέρ' Ἀθήνας
εἴδομεν εἴδομεν ἐκ πατρὸς ὀργᾶς
ἄλλαν ἐπ' αἶαν ἱέμενον.   1125

1102 sqq. Χορ. codd.: γυναῖκες αἱ τοῦ χοροῦ Σ: sed arguunt participia masculina vv. 1105, 1120 strophas a viris dictas esse; a feminis antistrophas particip. fem. 1011 et sensus verborum vv. 1140, 1141 Redierunt venatores aut cum Hippolyto v. 902 aut potius cum populo a rege vocato v. 884. Verrallio monente (Praef. Aesch. Agam. p. L) notas mutavi   1106 ἕρμασι βλέπων V   1108 ἄλλοτ' L P   1114 ἀκήρατον Μ Α γρ. v Σ: ἀκήραον L: ἀγήραον V B P N   1115 μηκέτ' ἀτρεκὴς ut vid. L: corr. l aut L²   1118 βίῳ V N   1120 τὰ παρ' ἐλπίδα Hartung: παρελπίδα Μ Α L P O: παρὰ δ' ἐλπίδα V B N λεύσσων Μ Α v l: λεύσσω B L P: λεύσω V   1122 Ἀθήναις Α V B L P Σ (-άνας V: -ήνης B) cf. v. 1450: ἀθήναις Μ et fortasse Σ: ἀστέρα γαίας Hartung (τῆς Ἑλληνικῆς γῆς unus Σ). Fortasse γ' ἥβας?

ΕΥΡΙΠΙΔΟΥ

ὦ ψάμαθοι πολιήτιδος ἀκτᾶς,
ὦ δρυμὸς ὄρειος, ὅθι κυνῶν
ὠκυπόδων μέτα θῆρας ἔναιρεν
Δίκτυνναν ἀμφὶ σεμνάν.   1130

Χο.   οὐκέτι συζυγίαν πώλων Ἐνετᾶν ἐπιβάσῃ   · [ἀντ.
τὸν ἀμφὶ Λίμνας τρόχον
κατέχων ποδὶ γυμνάδος ἵππου.
μοῦσα δ' ἄυπνος ὑπ' ἄντυγι χορδᾶν   1135
λήξει πατρῷον ἀνὰ δόμον·
ἀστέφανοι δὲ κόρας ἀνάπαυλαι
Λατοῦς βαθεῖαν ἀνὰ χλόαν·
νυμφιδία δ' ἀπόλωλε φυγᾷ σᾷ   1140
λέκτρων ἄμιλλα κούραις.

— ἐγὼ δὲ σᾷ δυστυχίᾳ
δάκρυσι διοίσω πότμον
ἄποτμον· ὦ τάλαινα μᾶ-
τερ, ἔτεκες ἀνόνατα· φεῦ·   1145
μανίω θεοῖσιν·
ἰὼ ἰώ·
συζύγιαι Χάριτες, τί τὸν τάλαν' ἐκ πατρίας γᾶς
οὐδὲν ἄτας αἴτιον
πέμπετε τῶνδ' ἀπ' οἴκων;   1150

1128 ὦ δρύμ' Wecklein : δρυμός τ' Aldina. Videtur ὄρειος med. syll. corripere   1129 ὠκ. μέτα θῆρας ἔναιρεν Blomfield : ὠκ. ἐπέβας (ἐπέβα L P) θεᾶς μέτα θῆρας ἐναίρων codd.   1130 δίκτυνναν M V L fortasse recte   1131 συζυγία M L² O   1134 γυμνάδος ἵππου Reiske : γυμνάδας ἵππους codd. (L²) et Σ (γυμνάσας L et rursus l) 1136 λέξει πατρώ*ον L: corr. L²   1137 κοράν Σ unus   1139 χλόαν om. P : ὕλαν in ras. L²: corr. l : γρ. χθόνα V²   1140 ἀπόλωλε M O Σ : ἀπόλωλε λέχῃ rell. et H (unde νυμφίδια proparox. A B L P) 1141 κόραις L P H   1142 Una virgo loquitur. Nulla nota in codd. 1144 ἄποτμ* τάλαινα L : corr. L²   1145 ἀνόνατα M A : ἀνόνητα rell. : γρ. αἰνότατα v   1148 τάλαν' A L² P H : τάλαιν' M V B (ταλ* L)   πατρώας V l   γᾶς om. L P   1150 οἴκων fortasse om. L : ἀπὸ τῶν οἴκων in ras. l

ΙΠΠΟΛΥΤΟΣ

— καὶ μὴν ὀπαδὸν Ἱππολύτου τόνδ' εἰσορῶ
σπουδῇ σκυθρωπὸν πρὸς δόμους ὁρμώμενον.

ΑΓΓΕΛΟΣ

ποῖ γῆς ἄνακτα τῆσδε Θησέα μολὼν
εὕροιμ' ἄν, ὦ γυναῖκες; εἴπερ ἴστε μοι
σημήνατ'· ἆρα τῶνδε δωμάτων ἔσω; 1155

Χο. ὅδ' αὐτὸς ἔξω δωμάτων πορεύεται.

Αγ. Θησεῦ, μερίμνης ἄξιον φέρω λόγον
σοὶ καὶ πολίταις οἵ τ' Ἀθηναίων πόλιν
ναίουσι καὶ γῆς τέρμονας Τροζηνίας.

Θη. τί δ' ἔστι; μῶν τις συμφορὰ νεωτέρα 1160
δισσὰς κατείληφ' ἀστυγείτονας πόλεις;

Αγ. Ἱππόλυτος οὐκέτ' ἔστιν, ὡς εἰπεῖν ἔπος·
δέδορκε μέντοι φῶς ἐπὶ σμικρᾶς ῥοπῆς.

Θη. πρὸς τοῦ; δι' ἔχθρας μῶν τις ἦν ἀφιγμένος,
ὅτου κατῄσχυν' ἄλοχον ὡς πατρὸς βίᾳ; 1165

Αγ. οἰκεῖος αὐτὸν ὤλεσ' ἁρμάτων ὄχος
ἀραί τε τοῦ σοῦ στόματος, ἃς σὺ σῷ πατρὶ
πόντου κρέοντι παιδὸς ἠράσω πέρι.

Θη. ὦ θεοί Πόσειδόν θ', ὡς ἄρ' ἦσθ' ἐμὸς πατὴρ
ὀρθῶς, ἀκούσας τῶν ἐμῶν κατευγμάτων. 1170
πῶς καὶ διώλετ'; εἰπέ· τῷ τρόπῳ Δίκης
ἔπαισεν αὐτὸν ῥόπτρον αἰσχύναντ' ἐμέ;

Αγ. ἡμεῖς μὲν ἀκτῆς κυμοδέγμονος πέλας
ψήκτραισιν ἵππων ἐκτενίζομεν τρίχας
κλαίοντες· ἦλθε γάρ τις ἄγγελος λέγων 1175
ὡς οὐκέτ' ἐν γῇ τῇδ' ἀναστρέψοι πόδα
Ἱππόλυτος, ἐκ σοῦ τλήμονας φυγὰς ἔχων.

1151 Paragraphum apposui: ἡμιχ. V L P: χορ. M : nulla nota in rell.   1153 sqq. Ἄγγελος] θεράπων Wecklein, cl. vv. 88 sq. ποῦ et τόνδε M   1165 ἄλοχον ἐκ πατρὸς V P   ὡς τοῦ suprascr. V²   1172 αἰσχύναντ' ἐμέ M A: -τά με M² rell.   1175 κλάοντες B L P   ἦλθε] ἧκε Heiland   1176 ἀναστρέψοι B P D N : -ψει L : -φοι M A V O   1177 τλήμονος A

ΕΥΡΙΠΙΔΟΥ

ὃ δ' ἦλθε ταὐτὸν δακρύων ἔχων μέλος
ἡμῖν ἐπ' ἀκτάς· μυρία δ' ὀπισθόπους
φίλων ἅμ' ἔστειχ' ἡλίκων ⟨θ'⟩ ὁμήγυρις.　　　1180
χρόνῳ δὲ δήποτ' εἶπ' ἀπαλλαχθεὶς γόων·
Τί ταῦτ' ἀλύω; πειστέον πατρὸς λόγοις.
ἐντύναθ' ἵππους ἅρμασι ζυγηφόρους,
δμῶες· πόλις γὰρ οὐκέτ' ἔστιν ἥδε μοι.
τοὐνθένδε μέντοι πᾶς ἀνὴρ ἠπείγετο,　　　1185
καὶ θᾶσσον ἢ λέγοι τις ἐξηρτυμένας
πώλους παρ' αὐτὸν δεσπότην ἐστήσαμεν.
μάρπτει δὲ χερσὶν ἡνίας ἀπ' ἄντυγος,
αὐταῖσιν ἀρβύλαισιν ἁρμόσας πόδα.
καὶ πρῶτα μὲν θεοῖς εἶπ' ἀναπτύξας χέρας·　　　1190
Ζεῦ, μηκέτ' εἴην, εἰ κακὸς πέφυκ' ἀνήρ·
αἴσθοιτο δ' ἡμᾶς ὡς ἀτιμάζει πατὴρ
ἤτοι θανόντας ἢ φάος δεδορκότας.
κἂν τῷδ' ἐπῆγε κέντρον ἐς χεῖρας λαβὼν
πώλοις ὁμαρτῇ· πρόσπολοι δ' ὑφ' ἅρματος　　　1195
πέλας χαλινῶν εἱπόμεσθα δεσπότῃ
τὴν εὐθὺς Ἄργους κἀπιδαυρίας ὁδόν.
ἐπεὶ δ' ἔρημον χῶρον εἰσεβάλλομεν,
ἀκτή τις ἔστι τοὐπέκεινα τῆσδε γῆς
πρὸς πόντον ἤδη κειμένη Σαρωνικόν.　　　1200
ἔνθεν τις ἠχὼ χθόνιος ὡς βροντὴ Διὸς

1178 ἤισθε M : ἤιλθε M² 　　ταὐτὸν L P H Haun. : ταὐτὸ rell.
φέρων P　　1179 ἀκτάς Kirchhoff : ἀκταῖς codd.　　1180 θ' add.
Markland　　1181 ἀποπλαχθεὶς B : ἀπαλλαγεὶς B²　　1182 τίπτ'
αὖτ' B　　πιστέον V B (corr. B²)　　1183 ἐντύνεθ' L P　　1186 λέγει
V P　　1189 αὐταῖς ἐν Valckenaer　　ἀρβύλησιν B N Haun. : ἀρβύ-
λησις P　　πόδας Haun. l　　1190 θεοῖς L P N O Σ : θεοὺς M A B v :
om. V　　1194 ἐπεῖγε P Haun. : corr. p　　βαλὼν V　　1195 πώλους
M V O　　πώλοις· ὁμαρτῇ Reiske　　ὑφ' ἅρματος L P N : ἐφ' ἅρματος
M² V lemma Σ (ἐμφ' ἅρματος O) : ἐφ' ἅρματι A B Haun. Σ : ἐφάσκομε*
M (voluit, puto, ἐβάσκομεν) quo recepto χαλινῶν ⟨δ'⟩ Kirchhoff
1197 εὐθύ τ' Hartung, sed cf. Phot. s. v. εὐθὺ Λυκείου : Εὐριπίδης οὐκ
ὀρθῶς· τὴν εὐθὺς"Α. κἀ. ὁ.　　1198 χώραν M : χώραν A V O (corr. v)
1201 ἠχὴ Nauck　　φωνὴ Διὸς P

ΙΠΠΟΛΥΤΟΣ

βαρὺν βρόμον μεθῆκε, φρικώδη κλύειν·
ὀρθὸν δὲ κρᾶτ' ἔστησαν οὕς τ' ἐς οὐρανὸν
ἵπποι· παρ' ἡμῖν δ' ἦν φόβος νεανικὸς
πόθεν ποτ' εἴη φθόγγος. ἐς δ' ἁλιρρόθους   1205
ἀκτὰς ἀποβλέψαντες ἱερὸν εἴδομεν
κῦμ' οὐρανῷ στηρίζον, ὥστ' ἀφῃρέθη
Σκίρωνος ἀκτὰς ὄμμα τοὐμὸν εἰσορᾶν·
ἔκρυπτε δ' Ἰσθμὸν καὶ πέτραν Ἀσκληπιοῦ.
κἄπειτ' ἀνοιδῆσάν τε καὶ πέριξ ἀφρὸν   1210
πολὺν καχλάζον ποντίῳ φυσήματι
χωρεῖ πρὸς ἀκτάς, οὗ τέθριππος ἦν ὄχος.
αὐτῷ δὲ σὺν κλύδωνι καὶ τρικυμίᾳ
κῦμ' ἐξέθηκε ταῦρον, ἄγριον τέρας·
οὗ πᾶσα μὲν χθὼν φθέγματος πληρουμένη   1215
φρικῶδες ἀντεφθέγγετ', εἰσορῶσι δὲ
κρεῖσσον θέαμα δεργμάτων ἐφαίνετο.
εὐθὺς δὲ πώλοις δεινὸς ἐμπίπτει φόβος·
καὶ δεσπότης μὲν ἱππικοῖσιν ἤθεσιν
πολὺς ξυνοικῶν ἥρπασ' ἡνίας χεροῖν,   1220
ἕλκει δὲ κώπην ὥστε ναυβάτης ἀνὴρ
ἱμᾶσιν ἐς τοὔπισθεν ἀρτήσας δέμας·
αἱ δ' ἐνδακοῦσαι στόμια πυριγενῆ γναθμοῖς
βίᾳ φέρουσιν, οὔτε ναυκλήρου χερὸς
οὔθ' ἱπποδέσμων οὔτε κολλητῶν ὄχων   1225
μεταστρέφουσαι. κεἰ μὲν ἐς τὰ μαλθακὰ
γαίας ἔχων οἴακας εὐθύνοι δρόμον,
προυφαίνετ' ἐς τὸ πρόσθεν, ὥστ' ἀναστρέφειν,

1203 δὲ] τε L P   δ'] τ' L V   1208 σκίρωνος O : σκειρ.
rell.   δ' ἀκτὰς M : ἀ*τὰς L : Σκιρωνίδ' ἄκραν Kirchhoff   1213 αὐ-
τοῦ Wilamowitz   1216 ἀντεφθέγξατ' M O Chr. Pat. 858
(ἀντιφθέγγετ' L)   1218 ἐνπίτνει M : ἐνπίπτει M²   1219 ἱπ-
πικοῖσιν Valckenaer: ἱππικοῖς ἐν codd.   1220 συνοικῶν M
1223 γναθμοῖς M A : γνάθοις rell.   1225 ὄχον M   1227 οἴηκας
A B L P, fortasse recte   ἰθύνοι V L P (-νη P et fortasse L)
1228 εἰς τοὔμπροσθεν B L P

ΕΥΡΙΠΙΔΟΥ

ταῦρος, φόβῳ τέτρωρον ἐκμαίνων ὄχον·
εἰ δ' ἐς πέτρας φέροιτο μαργῶσαι φρένας, 1230
σιγῇ πελάζων ἄντυγι ξυνείπετο
ἐς τοῦθ' ἕως ἔσφηλε κἀνεχαίτισεν,
ἁψῖδα πέτρῳ προσβαλὼν ὀχήματος.
σύμφυρτα δ' ἦν ἅπαντα· σύριγγές τ' ἄνω
τροχῶν ἐπήδων ἀξόνων τ' ἐνήλατα. 1235
αὐτὸς δ' ὁ τλήμων ἡνίαισιν ἐμπλακεὶς
δεσμὸν δυσεξήνυστον ἕλκεται δεθείς,
σποδούμενος μὲν πρὸς πέτραις φίλον κάρα
θραύων τε σάρκας, δεινὰ δ' ἐξαυδῶν κλύειν·
Στῆτ', ὦ φάτναισι ταῖς ἐμαῖς τεθραμμέναι, 1240
μή μ' ἐξαλείψητ'· ὦ πατρὸς τάλαιν' ἀρά.
τίς ἄνδρ' ἄριστον βούλεται σῶσαι παρών;
πολλοὶ δὲ βουληθέντες ὑστέρῳ ποδὶ
ἐλειπόμεσθα. χὠ μὲν ἐκ δεσμῶν λυθεὶς
τμητῶν ἱμάντων οὐ κάτοιδ' ὅτῳ τρόπῳ 1245
πίπτει, βραχὺν δὴ βίοτον ἐμπνέων ἔτι·
ἵπποι δ' ἔκρυφθεν καὶ τὸ δύστηνον τέρας
ταύρου λεπαίας οὐ κάτοιδ' ὅποι χθονός.
δοῦλος μὲν οὖν ἔγωγε σῶν δόμων, ἄναξ,
ἀτὰρ τοσοῦτόν γ' οὐ δυνήσομαί ποτε, 1250
τὸν σὸν πιθέσθαι παῖδ' ὅπως ἐστὶν κακός·
οὐδ' εἰ γυναικῶν πᾶν κρεμασθείη γένος,
καὶ τὴν ἐν Ἴδῃ γραμμάτων πλήσειέ τις

1230 ὡς δ' Α   πέτραν Α Ο υ   1232 κἀναχαίτισεν L
1233 πέτρᾳ Wecklein   1234 Post hunc versum deficit M, saepius
igitur notandus O   1237 δυσεξήνυστον Heath : δυσεξήνυτον codd.
(ρ, δυσεξίωτον ut vid. P)   1238 σποδώμενος L (et P?) : corr. L²
πέτρας V L P N   1239 τε Elmsley : δὲ codd.   σάρκα V : corr. υ
1240 τεθραυμένα V : corr. υ   1245 ὅτῳ τῷ τρόπῳ L (οὐ κατεῖδον
ᾧ Wecklein ex Haun. κατεῖδ' : malim οὐκέτ' εἶδον ᾧ)   1246 δὴ] δὲ
L : om. Β Ρ (δὴ Β²)   1247 τέρας Α V N O : κάρα l. P B   1248 ὅποι
O et fortasse L et B: ὅπῃ V : ὅπου A et L aut L² N D : ὅπως P
1250 γ' A B O : rasura in L : om. V P N   1251 τὸ σὸν A B
1253, 1254 τὰς ... πεύκας B² ex Σ τὰ ξύλα

ΙΠΠΟΛΥΤΟΣ

πεύκην, ἐπεί νιν ἐσθλὸν ὄντ' ἐπίσταμαι.
Χο. αἰαῖ· κέκρανται συμφορὰ νέων κακῶν,   1255
οὐδ' ἔστι μοίρας τοῦ χρεών τ' ἀπαλλαγή.
Θη. μίσει μὲν ἀνδρὸς τοῦ πεπονθότος τάδε
λόγοισιν ἥσθην τοῖσδε· νῦν δ' αἰδούμενος
θεούς τ' ἐκεῖνόν θ', οὕνεκ' ἐστὶν ἐξ ἐμοῦ,
οὔθ' ἥδομαι τοῖσδ' οὔτ' ἐπάχθομαι κακοῖς.   1260
Αγ. πῶς οὖν; κομίζειν, ἢ τί χρὴ τὸν ἄθλιον
δράσαντας ἡμᾶς σῇ χαρίζεσθαι φρενί;
φρόντιζ'· ἐμοῖς δὲ χρώμενος βουλεύμασιν
οὐκ ὠμὸς ἐς σὸν παῖδα δυστυχοῦντ' ἔσῃ.
Θη. κομίζετ' αὐτόν, ὡς ἰδὼν ἐν ὄμμασιν   1265
τὸν τἄμ' ἀπαρνηθέντα μὴ χρᾶναι λέχη
λόγοις τ' ἐλέγξω δαιμόνων τε συμφοραῖς.

Χο. σὺ τὰν θεῶν ἄκαμπτον φρένα καὶ βροτῶν
ἄγεις, Κύπρι, σὺν δ'
ὁ ποικιλόπτερος ἀμφιβαλὼν   1270
ὠκυτάτῳ πτερῷ.
ποτᾶται δὲ γαῖαν εὐάχητόν θ'
ἁλμυρὸν ἐπὶ πόντον.
θέλγει δ' Ἔρως, ᾧ μαινομένᾳ καρδίᾳ
πτανὸς ἐφορμάσῃ χρυσοφαής,   1275
φύσιν ὀρεσκόων σκυλάκων πελαγίων θ'
ὅσα τε γᾶ τρέφει

1254 μιν L P   1255 συμφορὰ Elmsley : συμφοραι codd.
1257 τόδε A v O   1259 τ' om. A V O   1260 ἐπάχθομαι A B
O v Σ : ἀπέχθομαι V L P N   1266, 1267 hoc ordine L P B N D,
inverso A V O   1267 τ' om. A V O   1271 ἀρκυστάτῳ Wecklein   ὠκυτάτω πτερώ Bothe   1272 πωτᾶται suprascr. A   δὲ
Seidler : δ' ἐπὶ codd. (δ' om. V)   1274 φλέγει V (γρ. θέλγει v)
Ἔρως delet Seidler   κραδίᾳ Aldina : καρδίᾳ codd.   1275 πτανὸς
... χρυσοφαής codd. et Σ (πανὸς Haun.) : πανὸν ... χρυσοφαῆ Wecklein   ἐφορμάσῃ B L O v : -σει A P : ἐφαρμόσει V N   1276 ὀρεσκόων L : -ωων vel -φων rell.   σκύμνων Wilamowitz   πελαγέων
A B

ΕΥΡΙΠΙΔΟΥ

τά τ' ἀέλιος αἰθόμενα δέρκεται,
ἄνδρας τε· συμπάντων βασιληίδα τιμάν,　　　　1280
Κύπρι, τῶνδε μόνα κρατύνεις.

ΑΡΤΕΜΙΣ

σὲ τὸν εὐπατρίδην Αἰγέως κέλομαι
παῖδ' ἐπακοῦσαι·
Λητοῦς δὲ κόρη σ' Ἄρτεμις αὐδῶ.　　　　1285
Θησεῦ, τί τάλας τοῖσδε συνήδῃ,
παῖδ' οὐχ ὁσίως σὸν ἀποκτείνας,
ψευδέσι μύθοις ἀλόχου πεισθεὶς
ἀφανῆ; φανερὰν δ' ἔσχεθες ἄτην.
πῶς οὐχ ὑπὸ γῆς τάρταρα κρύπτεις　　　　1290
δέμας αἰσχυνθείς,
ἢ πτηνὸς ἄνω μεταβὰς βίοτον
πήματος ἔξω πόδα τοῦδ' ἀνέχεις;
ὡς ἔν γ' ἀγαθοῖς ἀνδράσιν οὔ σοι
κτητὸν βιότου μέρος ἐστίν.　　　　1295

ἄκουε, Θησεῦ, σῶν κακῶν κατάστασιν·
καίτοι προκόψω γ' οὐδέν, ἀλγυνῶ δέ σε.
ἀλλ' ἐς τόδ' ἦλθον· παιδὸς ἐκδεῖξαι φρένα
τοῦ σοῦ δικαίαν, ὡς ὑπ' εὐκλείας θάνῃ,
καὶ σῆς γυναικὸς οἶστρον ἢ τρόπον τινὰ　　　　1300
γενναιότητα· τῆς γὰρ ἐχθίστης θεῶν
ἡμῖν, ὅσαισι παρθένειος ἡδονή,

1279 τά τ' Wecklein : τὰν codd. et Σ　　ἀέλιος V D N : ἅλιος rell. (O)　　αἰθόμενα Wecklein (cf. Aesch. Cho. 591 sqq.) : αἰθομέναν A O v D : αἰθόμενος V B L P N, et puto Σ　　1280 post συυπάντων habent δὲ V L N : τε A B O : γε P : delevit Dindorf　　1282 εὐπατρίδαν (-ν add. V²) codd.　　κέλλομαι A B² V N　　1285 αὐδῶ V O : αὐδᾷ rell. 1288 ἀλόχου πεισθεὶς A O (B?) : πεισθεὶς ἀλόχου V L P　　1289 ἀφανῶς suprascr. L aut L²　　ἔσχεθες Markland : ἔσχες codd.　　ἄταν A B O 1292 πτανὸς H　　1293 τοῦδ' Wakefield : τόνδ' codd. etiam H (om. B) et Σ　　ἀνέχεις V B L P Σ γρ A : ἀπέχεις A O V²　　1294 ἔν γ' Musgrave : ἔν τ' A O V² : ἐν V B L P N H　　1295 om. A : add. A² 1299 θάνοι L P　　1300 οἶστρον καὶ σῆς γυναικὸς A : γρ. ψεῦστιν Σ B 1301 τοῖς γὰρ ἐχθίστοις B²

ΙΠΠΟΛΥΤΟΣ

δηχθεῖσα κέντροις παιδὸς ἠράσθη σέθεν.
γνώμῃ δὲ νικᾶν τὴν Κύπριν πειρωμένη
τροφοῦ διώλετ᾽ οὐχ ἑκοῦσα μηχαναῖς, 1305
ἣ σῷ δι᾽ ὅρκων παιδὶ σημαίνει νόσον.
ὃ δ᾽, ὥσπερ ὢν δίκαιος, οὐκ ἐφέσπετο
λόγοισιν, οὐδ᾽ αὖ πρὸς σέθεν κακούμενος
ὅρκων ἀφεῖλε πίστιν, εὐσεβὴς γεγώς.
ἡ δ᾽ εἰς ἔλεγχον μὴ πέσῃ φοβουμένη 1310
ψευδεῖς γραφὰς ἔγραψε καὶ διώλεσεν
δόλοισι σὸν παῖδ᾽· ἀλλ᾽ ὅμως ἔπεισέ σε.
Θη. οἴμοι.
Αρ. δάκνει σε, Θησεῦ, μῦθος; ἀλλ᾽ ἔχ᾽ ἥσυχος,
τοὐνθένδ᾽ ἀκούσας ὡς ἂν οἰμώξῃς πλέον.
ἆρ᾽ οἶσθα πατρὸς τρεῖς ἀρὰς ἔχων σαφεῖς; 1315
ὧν τὴν μίαν παρεῖλες, ὦ κάκιστε σύ,
ἐς παῖδα τὸν σόν, ἐξὸν εἰς ἐχθρόν τινα.
πατὴρ μὲν οὖν σοι πόντιος φρονῶν καλῶς
ἔδωχ᾽ ὅσονπερ χρῆν, ἐπείπερ ᾔνεσεν·
σὺ δ᾽ ἔν τ᾽ ἐκείνῳ κἀν ἐμοὶ φαίνῃ κακός, 1320
ὃς οὔτε πίστιν οὔτε μάντεων ὄπα
ἔμεινας, οὐκ ἤλεγξας, οὐ χρόνῳ μακρῷ
σκέψιν παρέσχες, ἀλλὰ θᾶσσον ἤ σ᾽ ἐχρῆν
ἀρὰς ἀφῆκας παιδὶ καὶ κατέκτανες.
Θη. δέσποιν᾽, ὀλοίμην. Αρ. δείν᾽ ἔπραξας, ἀλλ᾽ ὅμως
ἔτ᾽ ἔστι καί σοι τῶνδε συγγνώμης τυχεῖν· 1326
Κύπρις γὰρ ἤθελ᾽ ὥστε γίγνεσθαι τόδε,

1303 δηχθεῖσαν A   1307 ὁ δ'] ὡς δ᾽ A   ὢν δίκαιος A V B O D N : οὖν δίκαιον L P   ἐπέσπετο L P : ἐφείπετο A   1311 ἔτευξε aut ἔταξε A   1314 οἰμώξῃ P et ut vid. L : -ης l   1315 ἔχων σαφεῖς A H : σαφεῖς ἔχων rell. (O)   1317 ἐχθρῶν V² et Elmsley   1318 φρενῶν L : corr. L²   1319 χρῆν L P N H : ἐχρῆν rell. (O)   1321 μάντεως Eust. II. p. 488   1322 οὐκ ἤλεγξας A V O : οὐδ᾽ ἤλ. rell.   μακρῷ χρόνῳ V O   1323 παρέσχες A V B O : γ᾽ ἔνειμας L P² : ἔνειμας P H : ἔμεινας N   σε χρῆν L   1324 ἐφῆκας Haun.   1326 ἔνεστι A   σοι καὶ Haun. (σοι κἀκ Nauck)   1327 τόδε A V B O : τάδε P N D et in ras. L

ΕΥΡΙΠΙΔΟΥ

πληροῦσα θυμόν. θεοῖσι δ' ὧδ' ἔχει νόμος·
οὐδεὶς ἀπαντᾶν βούλεται προθυμίᾳ
τῇ τοῦ θέλοντος, ἀλλ' ἀφιστάμεσθ' ἀεί. 1330
ἐπεί, σάφ' ἴσθι, Ζῆνα μὴ φοβουμένη
οὐκ ἄν ποτ' ἦλθον ἐς τόδ' αἰσχύνης ἐγὼ
ὥστ' ἄνδρα πάντων φίλτατον βροτῶν ἐμοὶ
θανεῖν ἐᾶσαι. τὴν δὲ σὴν ἁμαρτίαν
τὸ μὴ εἰδέναι μὲν πρῶτον ἐκλύει κάκης· 1335
ἔπειτα δ' ἡ θανοῦσ' ἀνήλωσεν γυνὴ
λόγων ἐλέγχους ὥστε σὴν πεῖσαι φρένα.
μάλιστα μέν νυν σοὶ τάδ' ἔρρωγεν κακά,
λύπη δὲ κἀμοί· τοὺς γὰρ εὐσεβεῖς θεοὶ
θνῄσκοντας οὐ χαίρουσι· τούς γε μὴν κακοὺς 1340
αὐτοῖς τέκνοισι καὶ δόμοις ἐξόλλυμεν.

Χο.   καὶ μὴν ὁ τάλας ὅδε δὴ στείχει,
σάρκας νεαρὰς ξανθόν τε κάρα
διαλυμανθείς. ὦ πόνος οἴκων,
οἷον ἐκράνθη δίδυμον μελάθροις 1345
πένθος θεόθεν καταληπτόν.
Ιπ.   αἰαῖ αἰαῖ·
δύστηνος ἐγώ, πατρὸς ἐξ ἀδίκου
χρησμοῖς ἀδίκοις διελυμάνθην.
ἀπόλωλα τάλας, οἴμοι μοι. 1350
διά μου κεφαλῆς ᾄσσουσ' ὀδύναι,
κατὰ δ' ἐγκέφαλον πηδᾷ σφάκελος.
σχές, ἀπειρηκὸς σῶμ' ἀναπαύσω.
[ἒ ἔ·]

1330 γρ. μέλλοντος b   1331 σάφ' οἶσθα L   1333 ἐμοὶ βροτῶν L P N   1336 ἔπειτα σὴ Wilamowitz   ἀνάλωσεν codd.: corr. Elmsley: ἀνῄστωσεν Hadley   1337 λόγοις L   ἐλέγχουσ' A L b N   1338 μὲν νῦν σοὶ A B O N D: μὲν σοὶ νῦν V: νῦν δὴ σοὶ L: νῦν σοὶ P   1340 τοὺς δέ γε κακοὺς V (δὲ μὴν Ο)   1346 καταλιπών P   1350 οἴμοι οἴμοι A L   1351 κεφαλῆς A O: -ᾶς rell.   1352 δ' A B O (et V ?): τ' rell.   1353 ἀπείρηκα A   1354 ἒ ἔ (ἒ ἔ V) om. A O: del. L²

ΙΠΠΟΛΥΤΟΣ

ὦ στυγνὸν ὄχημ' ἵππειον, ἐμῆς　　　　　　　　1355
βόσκημα χερός,
διά μ' ἔφθειρας, κατὰ δ' ἔκτεινας.
φεῦ φεῦ· πρὸς θεῶν, ἀτρέμας, δμῶες,
χροὸς ἑλκώδους ἅπτεσθε χεροῖν.
τίς ἐφέστηκεν δεξιὰ πλευροῖς;　　　　　　　　　1360
πρόσφορά μ' αἴρετε, σύντονα δ' ἕλκετε
τὸν κακοδαίμονα καὶ κατάρατον
πατρὸς ἀμπλακίαις. Ζεῦ Ζεῦ, τάδ' ὁρᾷς;
ὅδ' ὁ σεμνὸς ἐγὼ καὶ θεοσέπτωρ,
ὅδ' ὁ σωφροσύνῃ πάντας ὑπερσχὼν　　　　　　1365
προῦπτον ἐς Ἅιδην στείχω κατ' ἄκρας
ὀλέσας βίοτον· μόχθους δ' ἄλλως
τῆς εὐσεβίας
εἰς ἀνθρώπους ἐπόνησα.

αἰαῖ αἰαῖ·　　　　　　　　　　　　　　　　　　　1370
καὶ νῦν ὀδύνα μ' ὀδύνα βαίνει,—
μέθετέ με, τάλανες—
καί μοι θάνατος Παιὰν ἔλθοι.
προσαπόλλυτ' ἀπόλλυτε τὸν δυσδαί-
μονά ⟨μ'·⟩ ἀμφιτόμου λόγχας ἔραμαι,　　　　　1375
διαμοιρᾶσαι
διά τ' εὐνᾶσαι τὸν ἐμὸν βίοτον.
ὦ πατρὸς ἐμοῦ δύστηνος ἀρά·

1356 om. LP: add. *l*　　1357 δ' ABO : τ' rell.　　1358 ἀτρέμας δμῶες O *l* : ἀτρέμα δμῶες AB : δμῶες ἀτρέμας VLPN (γρ. ἀτρέμα *v*)　　1360 ἐφέστηκ' ἐνδέξια AV² γρ. Σ (ἀφέστηκεν P)　　1362 τὸν κατάρατον V: corr. *v*　　1363 ἀμπλακίᾳ LPN　　1364 om. P　　1365 ὑπερσχὼν V : ὑπερέχων rell.　　1366 ἄιδαν ABO　　κατ' ἄκρας VLPN γρ. B² : κατὰ γᾶς ABO γρ. V² : κατάραις Weil　　1368 εὐσεβείας codd. (-ίας *l*)　　1370 αἶ quater BOLP, ter A, bis V　　1372 με om. LP (add. L²?)　　τάλανες Bothe : τάλανα fere codd. (τάλαν B : τάλαινα VP²)　　1374 προσαπόλλυτ' ἀπόλλυτε Wilamowitz : προσαπόλλυτε μ' ὄλλυτε codd.　　1375 μ' add. Markland　　γρ. διστόμου V　　λόχμας L : corr. L²　　1377 κατά τ' εὐνᾶσαι Herwerden　　εὐνῆσαι B　　1378 δίστανος AVBO

ΕΥΡΙΠΙΔΟΥ

μιαιφόνων [τε] συγγόνων παλαιῶν
προγεννητόρων ἐξορίζεται   1380
κακόν, †οὐδὲ μέλλει,†
ἔμολέ τ' ἐπ' ἐμὲ τί ποτε τὸν οὐ-
δὲν ὄντ' ἐπαίτιον κακῶν;
ἰώ μοί μοι·
τί φῶ; πῶς ἀπαλλάξω βιοτὰν ἐμὰν τάνδ' ἀναλ-
γήτου πάθους; εἴθε με κοι-   1386
μάσειε τὸν δυσδαίμον' Ἅι-
δου μέλαινα νύκτερός τ' ἀνάγκα.

Αρ. ὦ τλῆμον, οἵᾳ συμφορᾷ συνεζύγης·
    τὸ δ' εὐγενές σε τῶν φρενῶν ἀπώλεσεν.   1390
Ιπ. ἔα·
    ὦ θεῖον ὀδμῆς πνεῦμα· καὶ γὰρ ἐν κακοῖς
    ὢν ᾐσθόμην σου κἀνεκουφίσθην δέμας·
    ἔστ' ἐν τόποισι τοισίδ' Ἄρτεμις θεά.
Αρ. ὦ τλῆμον, ἔστι, σοί γε φιλτάτη θεῶν.
Ιπ. ὁρᾷς με, δέσποιν', ὡς ἔχω, τὸν ἄθλιον;   1395
Αρ. ὁρῶ· κατ' ὄσσων δ' οὐ θέμις βαλεῖν δάκρυ.
Ιπ. οὐκ ἔστι σοι κυναγὸς οὐδ' ὑπηρέτης,
Αρ. οὐ δῆτ'· ἀτάρ μοι προσφιλής γ' ἀπόλλυσαι.
Ιπ. οὐδ' ἱππονώμας οὐδ' ἀγαλμάτων φύλαξ.
Αρ. Κύπρις γὰρ ἡ πανοῦργος ὧδ' ἐμήσατο.   1400
Ιπ. ὤμοι· φρονῶ δὴ δαίμον' ἥ μ' ἀπώλεσεν.

1379 μιαιφόνον τε συγγόνον Haun. et primitus B: ὅ τε περιττός
Σ: μιαιφόνου γε συγγόνων· Verrall, cl. v. 35   1381 οὐδὲ μένει
Wilamowitz   1382 τ' om. AVO (non B) (ἔμολ' ἔμολ.' O):
(ἐμόλετ' L)   1383 κακ* L: κακῶν l   1384 μοί μοι] μοι V
1385 πῶς δ' LP   ἂν ἀλλάξω L   ἐμὰν om. LN Haun.   τάνδ'
scripsi, cf. Suppl. 86: τοῦδ' codd.   1386 μοι V   κοιμίσειε AV:
κοιμήσειε BO   1387 sq. ᾄδου τε νυκτὸς δυστάλαιν' ἀνάγκα A
1389 οἵᾳ συμφορᾷ LPDN: οἵαις συμφοραῖς AVBO   προσεζύγης PN
1390 ἀπώλεσεν AVBO: διώλεσεν LPDN   1393 δόμοισι BLPN
τοῖσιδ' AVO: τοῖσιν B: τοῖσδέ γ' L: τοῖσδ' PN   1395 sqq.
paragraphos praef. L (et 1399-1405 P)   1398 ἀτάρ τοι δύσποτμος
τ' LP (δύσποτμος etiam ND et in ras. Haun.)   1401 οἴμοι AO
(δαίμον' ἥματ' ἀπ. V ante corr.)

ΙΠΠΟΛΥΤΟΣ

Αρ. τιμῆς ἐμέμφθη σωφρονοῦντι δ' ἤχθετο.
Ιπ. τρεῖς ὄντας ἡμᾶς ὤλεσ', ᾔσθημαι, Κύπρις.
Αρ. πατέρα γε καὶ σὲ καὶ τρίτην ξυνάορον.
Ιπ. ὤμωξα τοίνυν καὶ πατρὸς δυσπραξίας. 1405
Αρ. ἐξηπατήθη δαίμονος βουλεύμασιν.
Ιπ. ὦ δυστάλας σὺ τῆσδε συμφορᾶς, πάτερ.
Θη. ὄλωλα, τέκνον, οὐδέ μοι χάρις βίου.
Ιπ. στένω σὲ μᾶλλον ἢ 'μὲ τῆς ἁμαρτίας.
Θη. εἰ γὰρ γενοίμην, τέκνον, ἀντὶ σοῦ νεκρός. 1410
Ιπ. ὦ δῶρα πατρὸς σοῦ Ποσειδῶνος πικρά.
Θη. ὡς μήποτ' ἐλθεῖν ὤφελ' ἐς τοὐμὸν στόμα.
Ιπ. τί δ'; ἔκτανές τἄν μ', ὡς τότ' ἦσθ' ὠργισμένος.
Θη. δόξης γὰρ ἦμεν πρὸς θεῶν ἐσφαλμένοι.
Ιπ. φεῦ·
εἴθ' ἦν ἀραῖον δαίμοσιν βροτῶν γένος. 1415
Αρ. ἔασον· οὐ γὰρ οὐδὲ γῆς ὑπὸ ζόφον
θεᾶς ἄτιμοι Κύπριδος ἐκ προθυμίας
ὀργαὶ κατασκήψουσιν ἐς τὸ σὸν δέμας
σῆς εὐσεβείας κἀγαθῆς φρενὸς χάριν.
ἐγὼ γὰρ αὐτῆς ἄλλον ἐξ ἐμῆς χερὸς 1420
ὃς ἂν μάλιστα φίλτατος κυρῇ βροτῶν
τόξοις ἀφύκτοις τοῖσδε τιμωρήσομαι.
σοὶ δ', ὦ ταλαίπωρ', ἀντὶ τῶνδε τῶν κακῶν
τιμὰς μεγίστας ἐν πόλει Τροζηνίᾳ
δώσω· κόραι γὰρ ἄζυγες γάμων πάρος 1425
κόμας κεροῦνταί σοι, δι' αἰῶνος μακροῦ
πένθη μέγιστα δακρύων καρπουμένῳ.

1402 ἐμέμφθης V B N et Σ alter   1403 ὤλεσ' ᾔσθημαι A V² P B O N : ὤλεσ' ἴσημι V : ὤλεσεν μία L (ὤλεσ' ᾔσθημαι μία Valckenaer) 1404 γε Kirchhoff : τε codd. (om. B)   1413 μ' om. A V O : add. V² 1416 οὐ γὰρ A B P L² : οὐδὲ γὰρ V L O N   ζόφῳ A B v   1418 κατασκήπτουσιν L P N   1419 del. Valckenaer. Cf. 1454 ; habuit Chr. Pat. 823   1423 σὺ L O N   1426 κ*ροῦνται L : κερ*οῦνται P 1427 πένθη] τέλη Weil   καρπουμένῳ Valckenaer : καρπούμεναι Σ et codd. (-μένα V)

ΕΥΡΙΠΙΔΟΥ

ἀεὶ δὲ μουσοποιὸς ἐς σὲ παρθένων
ἔσται μέριμνα, κοὐκ ἀνώνυμος πεσὼν
ἔρως ὁ Φαίδρας ἐς σὲ σιγηθήσεται. 1430
σὺ δ', ὦ γεραιοῦ τέκνον Αἰγέως, λαβὲ
σὸν παῖδ' ἐν ἀγκάλαισι καὶ προσέλκυσαι·
ἄκων γὰρ ὤλεσάς νιν· ἀνθρώποισι δὲ
θεῶν διδόντων εἰκὸς ἐξαμαρτάνειν.
καὶ σοὶ παραινῶ πατέρα μὴ στυγεῖν σέθεν, 1435
Ἱππόλυτ'· ἔχεις γὰρ μοῖραν ᾗ διεφθάρης.
καὶ χαῖρ'· ἐμοὶ γὰρ οὐ θέμις φθιτοὺς ὁρᾶν
οὐδ' ὄμμα χραίνειν θανασίμοισιν ἐκπνοαῖς·
ὁρῶ δέ σ' ἤδη τοῦδε πλησίον κακοῦ.
Ιπ. χαίρουσα καὶ σὺ στεῖχε, παρθέν' ὀλβία· 1440
μακρὰν δὲ λείπεις ῥᾳδίως ὁμιλίαν.
λύω δὲ νεῖκος πατρὶ χρῃζούσης σέθεν·
καὶ γὰρ πάροιθε σοῖς ἐπειθόμην λόγοις.
αἰαῖ, κατ' ὄσσων κιγχάνει μ' ἤδη σκότος·
λαβοῦ, πάτερ, μου καὶ κατόρθωσον δέμας. 1445
Θη. οἴμοι, τέκνον, τί δρᾷς με τὸν δυσδαίμονα;
Ιπ. ὄλωλα καὶ δὴ νερτέρων ὁρῶ πύλας.
Θη. ἦ τὴν ἐμὴν ἄναγνον ἐκλιπὼν χέρα;
Ιπ. οὐ δῆτ', ἐπεί σε τοῦδ' ἐλευθερῶ φόνου.
Θη. τί φῄς; ἀφίης αἵματός μ' ἐλεύθερον; 1450
Ιπ. τὴν τοξόδαμνον Ἄρτεμιν μαρτύρομαι.
Θη. ὦ φίλταθ', ὡς γενναῖος ἐκφαίνῃ πατρί.
Ιπ. τοιῶνδε παίδων γνησίων εὔχου τυχεῖν. 1455
Θη. οἴμοι φρενὸς σῆς εὐσεβοῦς τε κἀγαθῆς. 1454

1432 ἀγκάλῃσι L² P Haun.   προσέλκυσον L   1435 καὶ σοί] σοί
τ' αὖ Chr. Pat. 827   1437 φθιτοὺς LPND : νεκροὺς AVBO
1442 λύσω A   πατρὶ A V² B O : πατρὸς V L P   1444 κιχάνει
codd. (τυγχάνει O : κιγχάνει unus cod. Chr. Pat. 900)   1445 μοι P
1446 οἴμοι A B O : ὤμοι rell.   1447 πύλας] δόμους Chr. Pat. 901
1448 χέρα V B O D γρ. A : φρένα A L P V² N γρ. B   1450 ἀφήσεις
A V B O   1451 Ἄρτεμιν] παρθένον Nauck. Cl. Diphil. fr. 30
1453 et 1455 invicem transpos. Wilamowitz   1454 ὤμοι L P N
εὐλαβοῦς τε A

ΙΠΠΟΛΥΤΟΣ

Ιπ. ὦ χαῖρε καὶ σύ, χαῖρε πολλά μοι, πάτερ.   1453
Θη. μή νυν προδῷς με, τέκνον, ἀλλὰ καρτέρει.
Ιπ. κεκαρτέρηται τἄμ'· ὄλωλα γάρ, πάτερ.
κρύψον δέ μου πρόσωπον ὡς τάχος πέπλοις.
Θη. ὦ κλείν' †'Αθῆναι Παλλάδος θ' ὁρίσματα,†
οἵου στερήσεσθ' ἀνδρός. ὦ τλήμων ἐγώ·   1460
ὡς πολλά, Κύπρι, σῶν κακῶν μεμνήσομαι.
Χο. κοινὸν τόδ' ἄχος πᾶσι πολίταις
ἦλθεν ἀέλπτως.
πολλῶν δακρύων ἔσται πίτυλος·
τῶν γὰρ μεγάλων ἀξιοπενθεῖς   1465
φῆμαι μᾶλλον κατέχουσιν.

1458 τάχους A   1459 'Αθῆναι A V B : 'Αθηνῶν L P V² : ἀθηναίων Haun.: 'Αθηνῶν Πελοπίας θ' ὁρ.Wilamowitz. Fortasse 'Αθηνᾶς Παλλάδος πολίσματα (nam Πολιὰς erat Minerva etiam Troezene). Cf. El. 1254 1460 'στερήσεσθ' olim Nauck τλῆμον A V B² 1464 δακρύων om. L P (add. *l*) δ' ἔσται B 1466 Addit in Σ V manus recentissima : τινὲς καὶ τούτους τῷ τέλει προσάπτουσι· ὦ μέγα σεμνὴ Νίκη... στεφανοῦσα (finem Or. Phoen. I. T.) : τέλος ἱππολύτου A V : ἱππόλυτος στεφανηφόρος L P B (εὐριπίδου ἱπ. στ. L P)

Commentary

B   W.S. Barrett, *Euripides Hippolytus*. (Oxford, 1964)
GP J.D. Denniston *Greek Particles* (Oxford, 1954, second edition)
S   H.W. Smyth, *Greek Grammar*, revised by G.M. Messing (Cambridge, Mass. 1956)
< "is from."

PROLOGUE. *Aphrodite alone, with the royal palace of Trozen in the background.*

1 πολλή: "powerful."
μέν is not answered by a δέ and need not be translated.
βροτοῖσι: -οισι/-αισι is a metrically convenient alternative dat. pl. ending. The article is commonly omitted in poetry.
κοὐκ=καὶ οὐκ ("crasis," S 62).
2 τ(ε): Only short vowels are elided in tragedy (S 70, 74).
ἔσω=εἴσω ("within"), + gen.
3 Πόντου: "the Black Sea" (gen. because of εἴσω 4).
4 φῶς=φαός "light" (neuter).
5 τοὺς μὲν σέβοντας: "those (of them) on the one hand who revere."
τἀμά=τὰ ἐμά, crasis.
κράτη(<κράτος, "power") is object of σέβοντας.
6 σφάλλω δ(ὲ) ὅσοι: "but I trip up all who . . ."
φρονοῦσιν μέγα: "think big, are arrogant."
ἡμᾶς: Use of the pl. for sing. is common in poetry.
7 κἀν=καὶ ἐν.
8 ὑπο: goes with ἀνθρώπων; the accent shifts when a preposition follows its noun ("anastrophe," S 175).
9 δέ is often simply connective ("and") rather than adversative; see also 17, 32, 40, 57.
μύθων τῶνδ(ε): The article is usually omitted with the demonstrative adjective in poetry.
10 με finds its verb in 13: λέγει με πεφυκέναι.
Θησέως: scanned – – by synizesis (S 60).
11 Πιτθέως, Pittheus was the father of Theseus' mother Aithra and former king of Trozen.
παιδεύματα: poetic pl. ("metrically convenient and stylistically elevated," B).

3

13 πεφυκέναι (<φύω)=εἶναι.
14 λέκτρα: i.e., "sex," as often.
   κοὐ=καὶ οὐ.
   ψαύει ("touch") takes a gen.
16 ἡγούμενος: "considering (her)."
17 ἀν(ά): here, "through."
   παρθένῳ: "The maiden" is Artemis, the virgin goddess.
   ξυνών=συνών; σύνειμι may have sexual overtones, so too ὁμιλία, 19.
18 κυσίν: <κύων, "dog, hound." Artemis was goddess of hunting.
   θῆρας (<θήρ, acc. pl.) "are wild animals of whatever kind: not merely 'wild beasts'," B.
   ἐξαιρεῖ: <ἐξαιρέω.
19 μείζω=μείζονα.
20 τούτοισι (=τούτοις): could be either neuter or masculine pl.; it is the object of φθονῶ.
   νυν: without the accent is a particle ("then/now") rather than an adverb; it never comes first in a sentence ("postpositive," S 2772). It is often best not translated.
   τί: "why?"
   με: δεῖ may take either acc. or dat.
21 ἅ: "(those things) which," internal acc. with ἡμάρτηκε (<ἁμαρτάνω), i.e., "the mistakes he has made." An internal acc. expresses in pronoun or noun form the action of the verb ("strike a blow"), whereas an external acc. ("direct object") indicates something already existing that is affected by the action ("strike a man"), S 1554a.
   τιμωρήσομαι: takes two acc.'s, "punish x for y."
22 τὰ πολλά: adverbial, "for the most part."
23 προκόψασ(α): <προκόπτω, "make progress, advance."
   δεῖ + gen.: "there is need of."
   με: for the usual μοι.
24 νιν: poetic acc. pronoun, here=αὐτόν.
25 σεμνῶν: with μυστηρίων.
   ἐς=εἰς, here, "for."
   τέλη: "rites," neuter pl. acc. of τέλος, governed by ἐς.
26 Πανδίονος: Pandion was a legendary early king of Athens/Attica.
   (εἰς) γῆν, as often in poetry with verbs of motion.
27 καρδίαν: acc. of respect, frequent with parts of the body (S 1601a), "in her heart."
   κατέσχετο: aor. passive of κατέχω, "was seized."

30   κατόψιον: "in sight of, opposite" (+ gen.).
31   ἐγκαθίσατο: <ἐγκαθίζω, "seat upon/establish in" (i.e., in Athens).
33   τὸ λοιπόν: "for the future."
     ἐνιδρῦσθαι: to be construed with ὠνόμαζ(ε), which is treated as a verb of speaking: "named the goddess to be established there for the future." B objects that "it is cardinal to the play that Ph.'s love is still a dead secret" and reads ὀνομάσουσιν ἱδρῦσθαι, "men shall hereafter name the goddess as established over Hippolytus." ἱδρῦσθαι is perfect passive of ἱδρύω, "set up."
34   Κεκροπίαν: Kekrops was another legendary early king of Athens/Attica.
     λείπει: present for past, as often in narrative ("historical present," S 1883); so ναυστολεῖ 36.
35   "Pandion divided Attica between his four sons, giving Athens and its neighbourhood to Aigeus, southern Attica to Pallas [not to be confused with Pallas Athena]; Pallas' sons disputed Th.'s right to succeed Aigeus, attacked, and were killed by Th.... The exile looks like Eur.'s invention," B.
36   ναυστολεῖ: "sails."
     (εἰς) χθόνα.
37   αἰνέσας: "accepting."
38   ἐνταῦθα: "now."
     κἀκπεπληγμένη=καὶ ἐκπεπληγμένη, perfect passive participle of ἐκπλήσσω, "drive out of one's wits, astound."
40   ξυν-=συν-.
     οὔτις=οὔ τις.
41   οὔτι: adverbial, "not in any way, not at all."
     ταύτῃ: "in this way."
     χρή and δεῖ (see the *apparatus criticus*) "can both be used of what is fated ... δεῖ begins to replace χρή, first in denoting a need or necessity, leaving the requirements of morality and the like to χρή, and in the 5th. cent. this distinction ... can still be felt; of fate, therefore, δεῖ tends to stress the mere inevitability, χρή an accordance with the divine order," B.
42   Daggers enclose material suspected by the editor to be corrupt, here because Aphrodite does not in fact tell Theseus directly. Still, her control over the action is clear. The text is sound.
     κἀκφανήσεται=καὶ ἐκφανήσεται (future passive of ἐκφαίνω, "reveal").

44 κτενεῖ: future of κτείνω, "kill" (note accent).
45 ὤπασεν: <ὀπάζω, "give."
γέρας: "(as) a reward."
46 εἰς τρίς: "three times in all."
εὔξασθαι: appositive infinitive, "that he pray ... ," S 1987.
47 ἥ: "she/the other." The article is in origin a demonstrative pronoun and occasionally retains that force, S 1099.
εὐκλεής: Supply "is" as often.
ἀπόλλυται: present for future, as often in prophecies, S 1882.
48 "I will not value *her* evil (i.e., suffering) before (mine)."
49 τὸ παρασχεῖν (<παρέχω): The articular infinitive is sometimes used instead of ὥστε and infinitive (e.g., 50) to express natural result, "so that my enemies not provide ... " The double negative (μὴ οὐ, scanned as one syllable) instead of simply μή is used when the main verb is negated; the οὐ is not translated (S 2745).
51 γάρ: "since."
τόνδε: ὅδε often points to one present in person or in thought and can be translated "here."
52 θήρας: gen. sing. of θήρα, "hunting."
54 ὀπισθόπους: "behind-foot," i.e., following, attendant.
55 λέλακεν (<λάσκω, "howl, shout"): the equivalent of a strengthened present (S 1947).
τιμῶν: participle, not gen. pl.
56 οἶδ(ε) ἀνεῳγμένας (<ἀνοίγνυμι, "open"): οἶδα takes a participial construction in its dependent clause (so βλέπων 57).
57 λοίσθιον: predicative, "this day (as his) last."

Aphrodite exits by a side entrance ("parodos"). Hippolytus enters accompanied by a band of attendants.

58-72 In lyric passages, such as this, the so-called "Doric" alpha replaces eta in first declension endings and elsewhere, so τάν (τήν) 59, ᾇ (ᾗ) 60, σεμνοτάτα (σεμνοτάτη) 62, Ζανός (Ζηνός, gen. sing. of Ζεύς) 63, καλλίστα (καλλίστη) 66, etc.
58 ἕπεσθ(ε): <ἕπομαι, "follow."
60 ᾇ (=ᾗ) μελόμεσθα (=-μεθα): "to whom we are a care," i.e., "who cares for us."
64 μοι: dat. of "feeling" (S 1486), "I beg you/please" or untranslated; common with imperative.
65 Λατοῦς=Λητοῦς, gen. of Λητώ.
Διός: gen. of Ζεύς.

66 πολύ: with the superlative, as often; "by far."
67 ἅ=ἥ, fem. nom. relative pronoun, "(you) who ..."
72 Brackets enclose material suspected as intrusive by the editor; here, the words are redundant and metrically anomalous.
73 Hippolytus addresses a statue of Artemis, just as later (114ff.) the old servant addresses one of Aphrodite.
75 ἀξιοῖ: <ἀξιόω, "deem worthy, think right."
φέρβειν: "to feed."
77 ἠρινή: "of spring."
78 κηπεύει: "tends (a garden)."
79-81 ὅσοις ... θέμις: "to however many nothing (is) taught ... to these (it is) right to pluck." μηδέν instead of οὐδέν makes the clause general.
80 τὸ σωφρονεῖν: "to the Greek a virtue, to us rather the absence of a vice, so that renderings like 'self-control' and 'temperance' are hopelessly flat; hence my inexact 'virtue'," B.
εἴληχεν: <λαγχάνω, "get as one's lot," here, "is alloted." The articular infinitive is the subject.
ὁμῶς: "alike."
82 κόμης: "of (your) hair," i.e., "for your hair," objective gen.
83 δέξαι: aorist (middle) imperative of δέχομαι, "receive, accept."
85 ξύνειμι: See on 17.
ἀμείβομαι: "answer (you), converse with (you)."
87 τέλος βίου κάμψαιμ(ι) (<κάμπτω): a racing metaphor, "bend the end of life," i.e., "round the bend and come to the end of life."
Independent optative without ἄν expresses a wish.
88 χρεών=χρή.
89 τι: indefinite, not interrogative (it has its accent from enclitic μου). Note accent of ἄν, thrown back from enclitic τι.
90 καί: emphasizes κάρτα (GP 317).
γ(ε): "yes."
ἦ: lends assurance to an assertion, "indeed."
γάρ: "for otherwise" (GP 62).
φαινοίμεθ(α): poetic pl.
91 i.e., οἶσθ(α) νόμον ὅς ... ; νόμος has been attracted into the case of the relative pronoun.
καθέστηκεν: καθίστημι is intransitive in the perfect, "is established."

92 τοῦ=τίνος, interrogative, governed by πέρι ("anastrophe").
καί: intensive, "what exactly is your question about?" (GP 312).
93 (νόμος ἐστὶ) μισεῖν.
94 ὀρθῶς γε: "yes, that is correct"; γε is confirmatory, as in 96 below.
οὐ: with ἀχθεινός.
97 ἦ: untranslatable when interrogative.
κἀν=καὶ ἐν, "among the gods as well."
ταὐτόν=τὸ αὐτό.
98 χρώμεθα (<χράομαι, "use, experience") takes a dat. object.
99 The manuscripts all read σεμνὴν ... προσεννέπεις, which plays on the two senses of σεμνός (arrogant, august) and suggests that Aphrodite is just as self-centeredly arrogant as Hippolytus; Murray avoids this but is forced to change the text also in 103.
100 τι (indefinite) is adverbial, "in some way."
σφαλῇ: <σφάλλω, "trip up," aorist passive subjunctive.
101 ἐφέστηκεν: See on 91.
103 κἀπίσημος=καὶ ἐπίσημος ("renowned, notorious").
104 ἄλλοισιν ἄλλος: "(one to one) another to another," i.e., "different gods to different people."
106 μ(ε): See on 2.
νυκτὶ θαυμαστός: "marvelous at night," i.e., "who works her wonders at night."
107 χρῆσθαι: here, "engage in, practice."
108 (εἰς) δόμους.
109 μέλεσθε, "care for, turn your thoughts to," + gen.
ἐκ: here, "after."
110 τράπεζά (ἐστι) τερπνόν.
καταψήχειν: "to rub down."
111 ὕπο: governs ἄμασιν ("anastrophe").
Understand ἵππους with ζεύξας and γυμνάσω.
ἄν: sometimes added in purpose clauses with subjunctive.
112 βορᾶς ("food"): gen. with κορεσθέις (<κορέννυμι, "satiate, fill with").
τὰ πρόσφορα: an "inner" acc. (see on 21), "exercise the suitable (exercises), give the appropriate exercise."
113 πολλ(ά): adverbial, with χαίρειν ("farewell, good-bye"), "a long farewell."

Hippolytus exits into the palace.

118 ἔντονον: "intense, vehement."
119 βάζει takes two acc.'s, "say x about y."
δόκει: imperative, "seem not" (note accent and μή).
τούτων: Verbs of hearing often take a gen.
120 *Hippolytus' servant exits (into the palace?). The chorus of Trozenian women enters from a parodos.*

PARODOS

121- The chorus twice sings a stanza, called a strophe (=στρ.),
69 which is directly followed by a metrically identical stanza, called an antistrophe (=ἀντ.). The final pair of strophe and antistrophe are followed by an unpaired stanza, called an epode (=ἐπῳδ.). Following Aristotle *Poetics*, chapter 12, we call this first choral song the "parodos" and all others "stasima." Presumably the earlier chorus of huntsmen was immediately recognizable as not being the proper chorus (perhaps by their number). Here again we find the substitution of the "Doric" alpha for eta: βαπτάν, ῥυτάν, παγάν, φίλα, etc.
121 τις ... πέτρα.
ὕδωρ: n. acc., obj. of στάζουσα, "dripping."
λέγεται: "there is said (to be)."
122 βαπτὰν κάλπισι: "dipped by pitchers," i.e., "into which pitchers are dipped."
ῥυτάν: "flowing."
124 προϊεῖσα: <προίημι, "send forth from" (+ gen.).
126 πορφύρεα φάρεα (<φᾶρος): Choral lyric "spells uncontracted even when it scans contracted," B.
128 εὐαλίου=εὐηλίου, "sunny."
130 φάτις δεσποίνας (=-ης): "report about my mistress," objective gen.
131 δέμας: probably direct object of ἔχειν rather than acc. of respect.
ἔχειν: The infinitive construction (whose subject is an understood αὐτήν, "she") is indirect discourse after φάτις, "that she holds ... "
135 τριτάταν τάνδ(ε) ἀμέραν (=τήνδε τριτάτην ἡμέραν): acc. of extent of time (S 1585).
νιν=αὐτήν (see on 24).
136 ἀβρωσίᾳ στόματος: "by uneating of the mouth," i.e., "by starving herself."

137 Δάματρος ἀκτᾶς ἀγνόν (=Δήμητρος ἀκτῆς ἀγνόν): "pure of Demeter's grain," i.e., without food.
ἴσχειν=ἔχειν.
139 πένθει (<πένθος): causal dat., "on account of sorrow."
140 κέλσαι: <κέλλω, "put to shore."
ποτὶ (=πρὸς) τέρμα θανάτου: "toward the end (consisting of) death."
141 ᾗ: See on 97.
εἴθ'=εἴτε, elision plus assimilation (S 77).
142 ἐκ: "on account of."
143 φοιτᾷς: describes mental not physical wandering here.
144 The "Mountain Mother" is Cybele; the Corybantes, known for their wild, ecstatic rites, are her ministers.
145 Dictynna is "the Cretan equivalent of Artemis, or at least of Art. as goddess of the wild," B.
146 "Do you waste away (τρύχῃ: <τρύχω) unholy because of (gen. of cause, S 1435) offerings not sacrificed" or "without the ritual of offerings that were unsacrificed."
148 καί="also," i.e., here, as well as other lands.
B capitalizes λίμνας: the Saronic Limne is "a large shallow salt lagoon which lies behind the shore north of Trozen and is separated from the sea by a long sandbar." The χέρσον πελάγους ("dry land of the sea") then is the sandbar not the sea-bottom or the shore.
150 νοτίαις: "moist."
151 πόσιν: <πόσις, "husband."
The Erechtheidae are the Athenians, descendants of Erechtheus, legendary early king of Athens.
153 ποιμαίνει: "tends, cares for."
154 κρυπτὰ κοίτα(=-ῃ) λεχέων σῶν: "a sleeping (i.e., affair) hidden from your bed." The dat.'s of the manuscripts, κρύπτα κοίτα, "with a secret affair," are preferable (τις then becomes "some woman").
156 ἔξορμος: "setting forth from."
(εἰς) λιμένα.
158 φήμαν=φήμην, "report."
πέμπων: here, "escorting."
160 εὐναία: contains a pun based on the two meanings of εὐνή, "bed" and "mooring stone." Note the shift to the third person.
δέδεται: <δέω, "bind."
162-64 "Evil (κακά=κακή) unhappy helplessness (consisting) of pains and madness loves to live with the troublesome/

Euripides' Hippolytus 11

awkward balance in women," i.e., pregnant women get depressed.
ὠδίνων: <ὠδίς, "birth pang."
165 ἦξεν: <ἀίσσω, "leap, rush."
166 αὔρα: "breeze, air," i.e., "feeling."
167 τόξων: verbs of ruling often take a gen. object.
αὔτευν: epic first person imperfect from αὐτέω, "call aloud, shout, call to."
169 σὺν θεοῖσι: "with the gods' help."

FIRST EPISODE

170– After the choral introduction, *Phaedra and the nurse enter*
266 *from the palace with handmaids.* They speak (chant?) to each other in anapests rather than the normal iambic trimeter, marking a higher emotional pitch. The meter is mostly anapestic dimeter, i.e., two basically anapestic (⌣ ⌣ –) units or metra. It can be diagrammed: ⌣ ⌣ – ⌣ ⌣ – // ⌣ ⌣ – ⌣ ⌣ –.
// marks the coincidence of word end and end of the metron, called "diaeresis"; unlike caesura, diaeresis is not in the middle of a metrical unit. There is free substitution of – for ⌣ ⌣ and of ⌣ ⌣ for –, but ⌣ ⌣ ⌣ ⌣ is avoided. Thus we may scan 170-71:

$$\text{ἀλλ' ἥδε τροφὸς γεραιὰ πρὸ θυρῶν}$$
$$\text{τήνδε κομίζουσ' ἔξω μελάθρων.}$$

Occasional monometer lines (⌣ ⌣ – ⌣ ⌣ –) punctuate the actors' speeches (e.g., 174, 180, 185), and speeches often end with a shortened form of the dimeter, called "paroemiac" (⌣ ⌣ – ⌣ ⌣ – // ⌣ ⌣ – –), such as 175, 197, 207, 238, 249, 266.
170 ἥδε: "here" (see on 51); supply "is."
173 τί ποτ(ε) ἔστι: indirect question, "what in the world the matter is."
174 δεδήληται (<δηλέομαι, "harm"): probably middle, repeating the question in 173.
175 ἀλλόχροον: proleptic (anticipatory), "so as to be changed in color."
177 δράσω: must be aorist subjunctive, not future indicative, because of the μή. The subjunctive is used when the speaker wonders what to do ("deliberative subjunctive"). The verb takes two acc.'s, "do x to y."
σ(ε): not σοι ("do x for you"); see on 106.

178 τόδε σοι φέγγος: "here is your light (that you've been asking for)."
179 νοσεράς δέμνια κοίτης: "bed of sick lying," i.e., "bed where you lie sick."
182 τὸ πάλιν=πάλιν, "back."
183 σφάλλῃ: second singular passive.
κοὐδενί=καὶ οὐδενί, neuter.
184 παρόν: <πάρειμι, "be present."
185 ἡγῇ: <ἡγέομαι, "think, consider."
191 ὅ τι . . . ἄλλο: "whatever other thing (is) dearer than life."
192 ἀμπίσχων: <ἀμπέχω, "surround, cover."
193 φαινόμεθ(α) ὄντες: "we are revealed as being" ("appear to be" would require εἶναι).
194 τοῦ=τούτου (see on 47), "but of this whatever this (is which) glitters on earth."
B defends the manuscript order of the lines and reads τοῦδ(ε) ὅτι, "of this thing which (ὅ), whatever it is (τι), glitters here (τοῦτο) on earth."
196 (διὰ) οὐκ ἀπόδειξιν: "through non-revelation."
197 ἄλλως: "in vain, without purpose."
198 ἄρατε: <αἴρω, "raise, lift up."
ὀρθοῦτε: The present means "hold upright" as opposed to the aorist "put upright."
199 μελέων σύνδεσμα φίλων: acc. of respect (see on 27), "in the binding of my limbs." φίλος with parts of the body simply marks possession, "my."
201 βαρύ (ἐστι).
ἐπίκρανον: "headdress."
202 ἄφελ(ε): <ἀφαιρέω, "take away," now addressing the nurse.
ἀμπέτασον=ἀναπέτασον (<ἀναπετάννυμι, "unfold, spread").
203 θάρσει: imperative.
205 ῥᾷον: comparative of ῥᾳδίως ("easily").
θ'=τε.
206 οἴσεις: <φέρω.
208ff "Ph. continues to use ordinary non-lyric anapaests, but her excitement is marked by her use of lyric αin place of Attic secondary η (does this point to some kind of quasi-lyric delivery? we can only guess)," B (who reads κεφαλῆς in 201). So ἀρυσαίμαν (=ἀρυσαίμην) 209, ἀναπαυσαίμαν (=ἀναπαυσάμην) 211.
208 πῶς ἄν plus optative is a tragic idiom for a wish, "how might I, if only I might."

Euripides' Hippolytus 13

209 ἀρυσαίμαν: <ἀρύω, "draw (water)."
210 αἰγείροις: "poplars."
κομήτῃ: "grassy."
211 κλιθεῖσ(α): <κλίνω, "make bend, make lean, recline."
213 Just as interrogative second person future plus οὐ ("Will you not?") is often a command, so its negative (οὐ μή) is often a strong negative command, "Don't!"
214 ἔποχον ("mounted upon") is a striking metaphor.
215 πέμπετε: here, "escort, take."
εἶμι: "will go" (note accent).
216 ἵνα plus indicative means "where."
218 βαλιαῖς: "spotted, dappled."
ἐγχριμπτόμεναι: "touching, approaching," + dat.
219 πρὸς θεῶν: "in the name of the gods."
κυσί: <κύων.
θωΰξαι: "to shout."
221 Θεσσαλὸν ὅρπακ(α), "Thessalian sapling," and ἐπίλογχον βέλος, "missile with spear-point," are "the light throwing-spear or javelin ... used in hunting deer," B.
223 τί ποτ(ε): "why in the world, why ever?"
τάδε: inner acc. (see on 21), "in this way."
κηραίνεις: "be sick at heart, disgruntled."
224 καί: emphasizes σοί: "Why should *you* (a respectable woman) care about hunting?"
225 νασμῶν ("flowings, streams"): gen. with verb of desire (ἔρασαι <ἔραμαι).
226 πάρα=πάρεστι, "is present, is at hand" (note accent).
συνεχής: "next to" (+ dat.).
227 δροσερὰ ... κλιτύς: "dewy slope," i.e., a hill with a spring.
228 ἁλίας Λίμνας=ἁλίης Λίμνης, "the salty Lagoon."
230 εἴθε + optative: "if only I might ... "
231 Ἐνετάς (<Ἐνετός, "Venetic"): fem. acc. pl. The accent should be on the last syllable.
233 (εἰς) ὄρος.
βᾶσ(α): <βαίνω.
ἐπὶ θήρας πόθον: θήρας is gen. sing. of θήρα ("hunt"; note accent); "for (your) desire of hunt," i.e., "for the hunt you desire."
234 ἐστέλλου: στέλλω in the middle means "set out (on an expedition)."
236 "These things are worthy of much prophecy (to say) who ... ," i.e., "it would take a prophet to say who ... "
237 ἀνασειράζει: "reins in."

239 δύστηνος ("wretched"): two-ending adjective.
   εἰργασάμην: <ἐργάζομαι, "work, do."
240 παρεπλάγχθην: <παραπλάζω, "drive off course."
   γνώμης: gen. of separation ("from").
241 ἐμάνην: <μαίνομαι, "be mad."
   ἄτη is "humanly unaccountable and disastrous deterioration, in the one case of one's wits ["madness"] and in the other case of one's fortunes ["calamity"]; in each case the deterioration is ascribed to the direct and harmful intervention of a supernatural power," B.
244 μοι: dat. of agent with τὰ λελεγμένα, itself the direct object of αἰδούμεθα, "be ashamed of" (poetic pl.).
245 κρύπτε: "With her original κρύψον Ph. was thinking simply of the result she wished to be achieved, now ... she is thinking of the process, and the pres. suggests something like 'get on with the covering'," B.
246 τέτραπται: <τρέπω.
   "My eye is turned to shame" means either "I have a shameful look" or "I see my disgrace."
247 γνώμην: subject of the infinitive.
   ὀδυνᾷ: <ὀδυνάω, "grieve, pain."
248 "Being mad (is) evil" (S 1153).
   κρατεῖ: "wins out."
249 (τὸ) μὴ γιγνώσκοντ(α) ἀπολέσθαι ("to die without awareness") is subject of κρατεῖ. γιγνώσκοντ(α) is masculine because Phaedra is generalizing.
250 πότε: interrogative, "when?" (note accent).
253 χρῆν is the past of χρή and marks an unfulfilled present obligation, "should."
254 θνητούς: subject of the infinitive.
   ἀνακίρνασθαι: "mix, engage in."
255 πρὸς ... ψυχῆς: "to the extreme marrow of the soul."
256 εἶναι: depends on χρῆν.
   στέργηθρα: "affections."
257 The infinitives explain εὔλυτα: "easily loosed, both to ... "
   ἀπό ... ὤσασθαι: <ἀπωθέω ("shove away, drive away"); the separation of pre-verb and verb is called "tmesis."
258 τὸ ψυχὴν ὠδίνειν (ἐστι) βάρος.
259 κἀγώ = καὶ ἐγώ.
261 ἐπιτηδεύσεις ("practices, behavior"): subject (acc.) of the infinitives.
264f The definite articles serve to put λίαν and μηδὲν ἄγαν in quotes, as it were.

Euripides' Hippolytus   15

268 The comma should be at the end of 267 not after Φαίδρας (B).
269 ἄσημα: neuter pl. for more usual sing., "(it is) unclear what ..."
270 The first ἄν simply anticipates the second.
271 οἶδ(α).
     ἐλέγχους: "interrogations," i.e., "means of finding out."
     οὐ θέλει(=ἐθέλει): "refuses."
272 οὐδ(ὲ) (ἐννέπειν θέλει).
273 "You have come into the same," i.e., "you are just where you were before." ταὐτόν=τὸ αὐτό.
274 ὡς: exclamatory, "how!"
     κατέξανται: perfect passive of καταξαίνω, "thoroughly card (wool)," i.e., "tear to shreds, wear away."
     δέμας: See on 27.
275 γ(ε): when emphatic (intensifying) as here cannot be translated.
     ἄσιτος: Compound adjectives regularly have only two endings.
276 πότερον: introduces a double question and is not translated unless the question is dependent, in which case it="whether."
277 The question mark seems artificial; γ(ε) must be limitative, "at least."
278 εἶπας: English uses the present.
     ἐξαρκεῖ: "be satisfactory."
     πόσει: <πόσις, "husband."
279 γάρ: "(that is) because ..."
     οὔ φησιν: "denies."
280 ὅ: "he" (see on 47).
281 γάρ: "(no) for ..."
     τυγχάνω plus participle: "happen to x."
282 "Do you not apply (have you not applied) force?"
285 μήν: adversative, "but, however."
     ἀνήσω: <ἀνίημι, "relax from" (+ gen.), intransitive.
     γ(ε) is intensive and need not be translated.
286 ὡς ἄν: See on 111.
287 οἵα (fem. nom.) πέφυκα:"what sort I am," i.e., "how loyal I am."
288 ἀγ(ε): "well, come."
289 λαθώμεθ(α): λανθάνομαι + gen., "forget." Hortatory subjunctive: "let's forget."
     ἄμφω: dual nom.

290 λύσασα: "Ph. is to become more gracious not *as a result of* loosening her brow but *in* loosening it ... when a part. refers to the same action as an aor. leading verb (or a fut. of the same aspect), that part. is naturally also aor." and need not indicate prior action. So B. See S 1872c2.
291-92 A slight anacolouthon (i.e., a break in the grammatical structure): "And I, wherever I was not following you well then, abandoning (this) ... "
μή: marks the generality of the clause.
τόθ' = τότε.
εἰπόμην: imperfect of ἕπομαι, "follow," i.e., sympathize.
μεθεῖσ(α): <μεθίημι, "let loose, release, abandon."
βελτίω=βελτίονα.
293 τι κακῶν: "sick with one of the ... evils" (inner acc., see on 21).
294 γυναῖκές (εἰσι).
συγκαθιστάναι: final consecutive infinitive, "so as to help in putting down."
297 εἰέν: particle, "well."
ἐχρῆν=χρῆν (see on 253).
298 ἐλέγχειν: "correct."
300 φθέγξαι: imperative.
301 ἄλλως: "in vain."
303 οὔτε: answered by τ(ε) οὐ, not another οὔτε.
304 ἀλλ(ὰ) μέντοι: adversative, "but surely" GP 411.
ἴσθι προδοῦσα: "know that you have betrayed."
πρὸς τάδ(ε): "with this in view, this being so."
305 θανῇ: second singular future (middle in form) in a minatory/monatory clause (a future-more-vivid).
306 μὴ μεθέξοντας (<μετέχω): "who will have no share of ... "; μή by attraction to the imperative.
307 μά: "by" (+ acc.); in oaths.
309 νόθον: "Hipp.'s mother, the Amazon, was carried off by Th. as a prize of war, and will have lived with him not as a wife but as a concubine, a παλλακή; Hipp. therefore is νόθος, and has no right of succession against Ph.'s children, the γνήσιοι," B p. 216.
310 σέθεν=σοῦ, gen. after θιγγάνει, "touches."
312 αὖθις: "hereafter."
314 ὀνῆσαι: <ὀνίνημι, "profit, benefit."
316 μέν: shows the question is preliminary.
317 "The notion of an inner impurity resulting not from one's acts but from one's thoughts or intentions is still an unfa-

Euripides' Hippolytus   17

miliar one; and the Nurse quite fails to see what Ph. means," B.
318 μῶν=μὴ οὖν. "I ask μῶν when I am reluctant to accept x as true," B p. 314, "can it be that ... ?"
   ἐπακτοῦ: "foreign," a two-ending adjective.
319 φίλος: means not only a friend but a family member.
321 ὀφθείην: <ὁράω.
322 τί γάρ: "well, what (is) it?" GP 81.
   ἐξαίρει: <ἐξαίρω, "incite." Note accent.
323 ἔα: <ἐάω, "allow."
324 οὐ δῆθ' (=δῆτα): "no indeed, surely not." Either (a) I won't allow you or (b) you don't wrong me. "In you I will have fallen short," i.e., "it will be your fault if I fail."
325 χειρὸς ἐξαρτωμένη: "hanging onto (my) hand" in supplication.
326 καὶ ... γε: "yes, and."
   μεθήσομαι: <μεθίημι, "let loose, release."
327 πεύσῃ: <πυνθάνομαι.
328 γάρ: "how so?" GP 77.
   σοῦ: object of τυχεῖν, "succeed with you, get you," i.e., "have your confidence."
   τί κακόν (ἐστι) μοι μεῖζον.
329 ὀλεῖς: future of ὄλλυμι, "you will destroy (me)." The mss. reading ὀλῇ ("you will die") may be preferable.
330 χρῄσθ' ἱκνουμένης ("supplicating") ἐμοῦ: gen. absolute.
331 γάρ: "(yes) for ... "
332 οὐκοῦν: so accented=οὖν.
   φανῇ: second singular future passive of φαίνω.
333 μέθες: μεθίημι + gen. is intransitive and so we should read δεξιάν τ' ἐμὴν (χεῖρα).
336 σιγῷμ(ι) (<σιγάω): potential optative in tragedy is often a polite future.
   οὐντεῦθεν=ὁ ἐντεῦθεν, "the from-here-on (speech)."
337 τλῆμον: vocative of τλήμων, "wretch."
   οἷον: exclamatory, "what sort."
   ἠράσθης: <ἔραμαι, "love."
338 Phaedra's mother Pasiphae fell in love with a bull and gave birth to the Minotaur. Murray's capitalized Ταύρου is unlikely.
   ταύρου: objective gen. ("love *for* the bull").
339 There are two versions of what happened to Phaedra's sister Ariadne when she ran off with Theseus after helping

him out of the labyrinth: (a) she was killed by Artemis, with her husband Dionysus bearing witness against her; or (b) she was rescued by Dionysus after having been abandoned by Theseus.
340 τί πάσχεις: colloquial, "what's the matter?" κακορροθεῖς: "revile."
341 ὡς: exclamatory, "how!"
342 ἐκ ... πέπληγμαι: See on 38 and 257 ("tmesis").
344 οὐδέν τι: "not at all," adverbial.
345 πῶς ἄν: See on 208.
ἁμέ = ἅ ἐμέ.
346 γνῶναι: final-consecutive infinitive, "so as to know." σαφῶς: "for sure"; σαφής, "reliable, sure."
347 "What is it they mean when they say people are in love?" (B). "The rel. clause begins with λέγουσιν='call,' as though it were to be ὅ ἐρᾶν λέγουσιν ('which they call "being in love"'); ἐρᾶν then develops into the acc. and inf. ἀνθρώπους ἐρᾶν as though after λέγουσιν='say' ('they say people are "in love"')," B.
349 θατέρῳ = τῷ ἑτέρῳ, "the other," i.e., "the powerful one." κεχρημένοι: <χράομαι, "use, have dealings with." The masculine pl. is generalizing.
350 τίνος: interrogative; object of ἐρᾷς (verbs of desire take the gen.).
351 ὅστις ... ἐσθ': indirect question, "(you ask) who is ... "
353 ὡς: exclamatory, "how."
354 οὐκ ἀνασχετ(ά): "(these are) things which cannot be borne."
354–57 "Her distress is admirably brought out by her language: short sentences, asyndeton [=lack of connectives], repetitions," B.
357 βίου: gen. of separation.
θανοῦσα: See on 290.
359 ἄρ(α): used with the imperfect to describe a fact just realized, "after all," GP 36.
360 εἴ τι virtually = ὅ τι, "whatever," as often.
362–72 This lament is balanced by a metrically equivalent stanza much later in the play (669–679 is the "antistrophe"), which is also a lament; since that one is sung by one person it seems likely that this too is sung by the chorus as a whole and so the dashes in the OCT text (indicating change of speaker) are probably wrong. Note the "Doric" alpha: τᾶς, θρεομένας, ὀλοίμαν, etc.).

Euripides' Hippolytus 19

362 αἴες: <αἴω, imperfect.
ἀνήκουστα ("unbearable things"): object of θρεομένας.
ταῖς τυράννου ("queen") θρεομένας: Verbs of hearing regularly take the gen.
363 μέλεα: <μέλεος, "wretched."
364 B mends the text by reading, with Elmsley, σᾶν (=σῶν), φίλα for σὰν φιλίαν: "before, dear lady, I reach your state of mind."
366 ἀλγέων: gen. of cause, explaining τάλαινα.
368 ὄλωλας <ὄλλυμι; the perfect is always intransitive, "you are done for."
ἐξέφηνας: <ἐκφαίνω, "reveal."
369 παναμέριος (=πανημέριος) χρόνος: "the period of a whole day," B.
"What is this day that awaits you?" i.e., "What will happen to you before the day is done?"
371 οἷ φθίνει: "to where it passes away," i.e., "where it ends."
372 παῖ Κρησία: Phaedra, daughter of Minos and Pasiphae, came from Crete.
374 προνώπιον: "forecourt."
375 ἄλλως: "at other times, in other circumstances."
376 βίος θνητῶν.
ᾗ: "in what (way)."
διέφθαρται: <διαφθείρω, "destroy."
378 κάκιον: B reads κακίον' (=κακίονα): "do worse (i.e., bad) things," rather than "fare worse."
379 τῇδ(ε): "in this way."
380 "The combination of the two near-synonyms [for knowing] serves to emphasize how fully we are conscious of these moral values," B.
382 Calling the good (τὸ καλόν) a pleasure echoes the philosopher Prodicus, Socrates' teacher.
384 λέσχαι: "conversations."
385 What is of "two sorts," pleasure or αἰδώς? Scholars disagree.
386 ὁ καιρός: "what is proper, appropriate, just, right," not "distinction"; so B.
387 ἤστην: dual imperfect of εἰμί.
ταῦτ᾽ = τὰ αὐτά.
ἔχοντε: the dual endings for adjectives are

first	sec.	third	declensions
-α	-ω	-ε	nom., acc.
-αιν	-οιν	-οιν	gen., dat.

388 Claus reads προγνοῦσ', "having recognized beforehand."
389f "There is no sort of drug by which I was about to destroy (my resolve) so as to fall (into) the contrary of my thoughts." φαρμάκῳ has been attracted into its relative clause.
392 ἔτρωσεν: <τιτρώσκω, "wound."
393 ἐνέγκαιμ(ι): <φέρω; the optative here stands in indirect discourse for an original deliberative subjunctive (see on 177).
394 τήνδε νόσον.
395 θυραῖα: with φρονήματ' ἀνδρῶν, "the outsider thoughts of men," i.e., "the thoughts of other men."
396 ἐπίσταται + infinitive: "know how to."
397 κέκτηται: <κτάομαι, "gain possession of."
398 φέρειν: with προυνοησάμην (<προνοέω, "take care to").
399 τῷ σωφρονεῖν: instrumental dat. with νικῶσα.
400 τοισίδ'=τοῖσδε; the iota emphasizes (S 333g). It always takes the accent.
ἐξήνυτον: <ἐξανύω/ἐξανύτω, "accomplish, effect, succeed."
404 δρώσῃ (fem. dat. participle of δράω): governs καλά as well as αἰσχρά.
405 ἤδη: <οἶδα.
δυσκλεᾶ: predicative, "to be infamous."
406 οὖσ(α): depends on ἐγίγνωσκον, "I knew that I was ... "
407 ὡς: unusual with a wish; may be left untranslated.
408 πρός: "with."
λέχη: <λέχος, "bed."
412 εἶναι καλά: goes with both δοκῇ and δόξει.
415 αἵ: "they." Sentences often begin with a relative pronoun.
417 οὐδέ: "and not."
418 τέραμνα: "chambers."
The μή ("lest") clause is governed by the idea of fearing implied in φρίσσουσι (<φρίσσω, "shudder at").
ἀφῇ: <ἀφίημι, "send forth."
420 ὡς introduces a purpose clause (note μήποτ(ε), not οὔποτε).
ἁλῶ: <ἁλίσκομαι, "be caught," aorist passive subjunctive.
421 ἀλλ(ά): "rather."
424 δουλοῖ: <δουλόω, "enslave." Subject is the ὅταν clause.
κἄν=καὶ ἐάν.
425 ξυνειδῇ: <συνοῖδα, "share in knowledge of, be conscious of."
426 ἁμιλλᾶσθαι βίῳ: "to compete (effectively) in life."

427 ὅτῳ παρῇ: "for whomever it is present." ἄν is sometimes omitted in relative clauses with subjunctive.
428 ἐξέφην(ε): <ἐκφαίνω ("reveal"); an aorist in generalizations such as this is best translated as a present ("gnomic aorist," S 1931). The subject is χρόνος 430.
ὅταν τύχῃ: "whenever it (time) happens to," i.e., sooner or later.
429 "Placing (not "having placed"; see on 290) a mirror as (ὥστε) before a young girl."
431 ὥς: exclamatory; understand "is."
432 καρπίζεται: "gets fruit from, derives benefit from, enjoys."
435 ἐννοοῦμαι ... οὖσα: See on 406. The participle is here imperfect, "that I was being."
φαῦλος: "foolish"; here, a two-ending adjective.
437 οὐ ... οὐδέν: "not anything."
439 σύν: "(you are in love) together with."
440 ὀλεῖς: future of ὄλλυμι, "destroy."
441 τἄρα=τοι ἄρα.
λύει=λυσιτελεῖ, "it profits," with dat.
τῶν πέλας, "those nearby," i.e., "others"; gen. with ἐρῶσι, participle of ἐράω.
443 φορητός: "bearable" (S 472); here, two-ending.
ἤν=ἐάν.
πολλή: See on 1; here, virtually adverbial.
ῥυῇ: <ῥέω, "flow"; second aorist passive, with active meaning.
444 εἴκονθ'=εἴκοντα, <εἴκω, "yield."
446 πῶς δοκεῖς="and how!"
καθύβρισεν: gnomic aorist, see on 428.
451 μὲν οὖν: "now, on the one hand .. ," GP 470.
γραφάς: can be either paintings or writings; τῶν παλαιτέρων better suits the latter.
452 To be "among the Muses" is to be versed in poetry.
453 ὥς: "how."
454 γάμων Σεμέλης: "marriage with Semele" (see on 559 ff).
ἀνήρπασεν: <ἀναρπάζω, "snatch up." Cephalus was an ardent hunter, snatched off to heaven by Eos ("Dawn").
459 ἀνέξῃ: <ἀνέχω; the future of many verbs is middle in form.
ἐπὶ ῥητοῖς: "on fixed conditions."
460 (ἐ)πί: "with."
δεσπόταις: predicative, "as masters."

462 ἔχοντας εὖ + gen.: "being well off in ... "
463 μή: where we expect οὐ; μή "has a tendency gradually to encroach on οὐ with the inf. and part.," B.
464 πόσους δέ (δοκεῖς).
ἡμαρτηκόσι: <ἁμαρτάνω, dat. pl. perfect participle.
465 συνεκκκομίζειν: "join in achieving."
ἐν σοφοῖσι θνητῶν: "among the wise things of men," B.
468 The text is easily mended: ἀκριβώσαις ἄν gives us the needed ἄν for potential optative: "for no more would you make fine and accurate the roof with which (ᾗ for ἧς) a house is covered," i.e., no one is going to be scrupulously accurate in the parts that are not ordinarily seen (so B).
469 τύχην=δυστυχίαν, as often.
470 ὅσην σὺ (ἔπεσες).
ἐκνεῦσαι: <ἐκνέω, "swim out, swim to land."
471 εἰ ... ἔχεις: "if you have the more good things than evil," i.e., "if you have more good than evil."
476 τόλμα: <τολμάω, imperative.
480 ἦ τἄρ(α,=τοι ἄρα): "most assuredly, then."
ἄν ... ἄν: See on 270.
485 μᾶλλον ἀλγίων: the redundancy is not uncommon.
486 εὖ ... οἰκουμένας.
488 ὠσί: <οὖς, "ear."
489 ἐξ ὅτου: "(that) from which ... "
491 δεῖ σ(ε): slightly less common that δεῖ σοι, "you have need of" (+ gen.).
τἀνδρός=τοῦ ἀνδρός.
ὡς τάχος: "as swiftly as possible."
διοιστέον is difficult ("one must bear through, spread abroad"?); B prefers διιστέον: "one must clearly understand."
492 ἐξειπόντας: in apposition to the unexpressed agent of the impersonal διιστέον: "we must have things clear without delay, speaking out ... " (B).
494 οὖσ(α) ἐτύγχανες: "you really were ... "
496 ἀγών: noun (note accent).
497 ἐπίφθονον: "something (to be) begrudged."
499 οὐ ... μή: See on 213.
μεθήσεις: <μεθίημι, "let loose, release."
502 γαυρομένη: "exulting in" (+ dat.).
503 "Do not (I beg) you by the gods." See on 219.
504 ὑπείργασμαι: "I am worked under, plowed, made ready."

Euripides' Hippolytus 23

505 ἤν=ἐάν.
506 ἐς: "in regard to."
 ἀναλωθήσομαι: <ἀναλίσκω, "spend."
508 εἰ δ' οὖν: "but if then," i.e., "since you do."
 "The favor (given, i.e., of obeying) (is) second best."
512 κακή: "cowardly."
513 δεῖ... λαβεῖν.
514 λόγον: According to the scholiast the "word" (or "phrase") would serve to identify Hippolytus in a magical rite ("Hippolytus, the one who said ... "). What the Nurse managed to extract, of course, was the promise.
515 χάριν: "pleasure, delight."
516 "She can ask this only if she understands the Nurse to be speaking of a medicament to be applied to herself ... a love-charm must be administered without the victim's knowledge, and the thought of thus administering an *ointment* is merely ludicrous," B.
 πότερα=πότερον: See on 276.
517 ὀνάσθαι: aorist middle infinitive of ὀνίνημι, "benefit, profit," dependent on βούλου (<βούλομαι).
518 δέδοιχ'=δέδοικα, <δείδω, "fear."
 ὅπως μή=μή, in a fearing clause.
 φανῇς: aorist passive subjunctive (intransitive) of φαίνω.
519 ἂν φοβηθεῖσ(α): participle of indirect discourse after οἶδα, "Realize that you would (ἄν) fear anything."
520 μοι: See on 64.
521 ἔασον: "let (it) be."
524 τοῖς ἔνδον φίλοις.

The Nurse exits into the palace.

525– The chorus sings the *FIRST STASIMON*. "Doric" alpha:
64 ψυχᾷ, τᾶς Ἀφροδίτας, βούταν, etc.
525 ὅ=ὅς only here in tragedy.
 κατ(ά): "down over."
527 "For the soul (of those) against whom you campaign."
530 ὑπέρτερον ... Ἔρως: "mightier (than) the sort which Eros sends, (that is) the (dart) of Aphrodite."
535 ἄλλως: "in vain."
 Alpheus was the river at Olympia, site of the Olympic games. The Pythian roof/house was the temple of Apollo (Phoebus) at Delphi, the site of the Pythian games.

537 βούταν (=βούτην) φόνον: "herdsman slaughter," i.e., "slaughter of cattle."
<αἶ>: αἶ(α)=γαῖα=γῆ; angle brackets indicate editorial insertion of something thought missing from the transmitted text.
541 (τὸν) πέρθοντα: "the one who destroys (mortals)."
543 "The one who goes through every disaster with mortals" does not make much sense here; B follows Dobree in changing ἰόντα to ἱέντα (<ἵημι) and θνατοῖς (=θνητοῖς) to θνατούς: "the one who causes mortals to pass through all manner of misfortune."
545ff "Kypris yoked the foal in Oichalia unyoked (ἄζυγα<ἄζυξ) of the marriage bed(s) ... yoking her away from her Eurytian home like (ὅπως=ὡς) a run-away Naiad and (i.e., or) Bacchant, and gave her to the son of Alcmene (i.e., Heracles) with blood and smoke and murderous marriage songs." To win Iole, daughter of Eurytos, king of Oichalia, Heracles (son of Alcmene) sacked her city, killed her family and took her away by force. To mend the meter of 552 we may read either φονίοισιν ὑμεναίοις ("murderous marriage songs") or φονίοισι νυμφείοις ("murderous marriages") (B).
554 ὑμεναίων: gen. of cause.
556 Δίρκας: Dirce, famous spring in Thebes.
συνείποιτ(ε) ἂν οἷον: "you could say in agreement (with me, i.e., confirm) in what manner ... "
557 ἁ Κύπρις: belongs within the οἷον clause.
559ff "For by wedding the mother of twice-born Bacchus to flaming thunder she put her to bed with a bloody fate." Semele, princess of Thebes, was visited by her lover Zeus in his full Olympian majesty, and she perished, destroyed by his lightning. Dying she gave premature birth to Dionysus (Bacchus), whom Zeus sewed into his thigh until his birth was due, making him "twice-born."
560 διγόνοιο=διγόνου, epic gen.
563 δεινά=δεινή.
παντᾷ(=παντῇ): "everywhere."
ποτιπνεῖ: <προσπνέω, "breathe at, blow at." But the reading of the manuscripts ἐπιπνεῖ ("breathes on, blows on"), with τ' to avoid contiguous vowels ("hiatus"), is better. In that case construe δεινὰ γάρ (ἐστι).
564 οἷα: "like."
πεπόταται(=πεπότηται; <ποτάομαι, "fly about"): "flits, hovers."

SECOND EPISODE.

567 ἐκμάθω: "let me learn." "This voluntative 1st-pers. subjve. [i.e., hortatory subjunctive] is used ... freely in the plur. ... but in the sing. it is (when affirmative) used only after an impve. requesting the compliance required," B.

568 φροίμιον=προοίμιον.

571 The chorus (! not Phaedra) breaks into lyric meter, mainly pure dochmiacs, a highly agitated meter with two basic forms: ˘ − − ˘ − and ˘ ˘ ˘ − ˘ −. We can scan 571f:

τίνα θροεῖς αὐδάν; τίνα βοᾷς λόγον;
ἔνεπε, τίς φοβεῖ σε φῆμα, γύναι,

574 φρένας ἐπίσσυτος: "sweeping upon your mind," B.
575 ἐπιστᾶσαι: fem. pl. aorist participle of ἐφίστημι, "stand at."
577 σοὶ ... δωμάτων: "escorting news of the house is a concern to you," i.e., "your concern is to convey news about the house" (B).
584 αὐδῶν: <αὐδάω, with two acc.'s="say x of y."
585 ἀχάν (=ἠχήν): Elmsley's emendation of the unmetrical ἰαχάν in the manuscripts; now a papyrus has been found reading ἰάν, a rare word meaning "voice, cry." ἰαχάν may have been written as a gloss on it and then been copied into the text or, more likely, the copyist misread the unfamiliar word or falsely corrected it to the familiar word. σαφὲς δ᾽ οὐκ ἔχω: "I have nothing sure."
586 γεγωνεῖ (<γεγωνέω, "make noise") has as its subject βοά (=βοή).
589 προμνήστριαν: "match-maker."
590 ἐξαυδᾷ: "he calls (her)."
592 μήσομαι: <μήδομαι, "plan, intend."
593 πέφηνε (<φαίνω): intransitive, "are revealed."
διὰ ... ὄλλυσαι=διόλλυσαι (<διόλλυμι) second sing. middle/passive, by tmesis.
594 B gives these cries to the chorus: "such an interruption ... would betray the extreme of emotion, and would destroy the whole picture of Ph.'s despairing calm." (indicated by her speaking trimeters).
595 ἐκ: "by."
597 ἰωμένη: <ἰάομαι, "heal."
598 πῶς οὖν: "What then?"

601 Hippolytus and the Nurse enter from the palace.

ἡλίου ἀναπτυχαί: "unfoldings of the sun," i.e., open sunlight.
602 ὄπα: <ὄψ, "voice, utterance."
603 βοῆς: αἰσθάνομαι sometimes takes a gen.
604 οὐκ ἔστ(ιν) ὅπως: literally "there is not how," i.e., "it is not possible that."
605 "(I beg) you by your fair (armed) right (hand)" (see on 219). The acc. object of the (implied) verb often intrudes into the prepositional phrase in this expression.
606 οὐ μή: See on 213. The sentence should end with a question-mark.
608 τί δ(έ): "why (do you say that)?" "How so?"
609 κοινός: "public, for all to hear."
610 κάλλιον: comparative of καλόν; supply ἐστί.
612 ὀμώμοχ'=ὀμώμοκε, <ὄμνυμι, "swear."
614 ἀπέπτυσ(α): <ἀποπτύω, "spit away, reject." Aorist where English would use a present; it expresses "a state of mind ... occurring to the speaker in the moment just passed" ("dramatic" aorist), S 1937.
615 σύγγνωθ(ι): <συγιγνώσκω, "forgive"; second sing. aorist imperative.
616 κίβδηλον κακόν: "counterfeit evil"; predicative.
619 (σε) παρασχέσθαι: <παρέχω, "supply."
620 ἀντιθέντας: <ἀντιτίθημι, "place in exchange." It does not describe action prior to the main verb; see on 290.
622 Either "each (father) for the worth (ἀξία) of his estate (τίμημα)," i.e., the price depends on the father's means (so B), or "each (child) at the sum (τίμημα) of its worth (ἀξία)," i.e., the price depends on the child's worth (see Plato *Republic* 415b, etc.).
625f The arguments for deletion are: (a) 625f is incompatible with 628f. (bride-price versus dowry, the same confusion we find in the *Odyssey*); (b) 627ff, "a justification of Hipp.'s protest against women's existence (616-24), should follow that protest directly, and the intrusion of 625-26 disrupts the argument"; (c) μὲν πρῶτον of 625 is not answered (B).
628 προσθείς (<προστίθημι): "giving in addition to (the girl) ..."
629 ἀπῴκισ(ε): <ἀποικίζω, "send away from home"; gnomic aorist (see on 428).
630 ἀτηρόν: "ruinous."

631 ἀγάλματι: "statue," here, almost "clothes' horse."
γέγηθε (<γηθέω): perfect with present meaning, "rejoice."
632 ἐκπονεῖ: <ἐκπονέω, "add the finishing touches, finish off."
633 ὑπεξελών: <ὑπεξαιρέω, "take out from under, steal away, undermine."
634– Bracketed because (a) "Hipp. is concerned simply with the
37 worthlessness of women; in-laws are irrelevant" and a good marriage unthinkable (b) ἔχει ἀνάγκην ὥστε cannot take an infinitive; (c) "stifles the bad fortune with the good" is the wrong way around (B).
634 κηδεύσας καλοῖς γαμβροῖσι: "having made a marriage-connection with good in-laws," i.e., "having married into a good family."
636 ἀνωφελεῖς: "useless, harmful."
638f "Easiest (it is for him) to whom (there is) nothingness, but harmful is the woman set up in folly in the house," i.e., "it's best not to marry; if you're fool enough to marry, you'll suffer." He goes on to distinguish the two kinds of wife, wise and stupid.
639 ἵδρυται: perfect passive of ἱδρύεσθαι, "set up (a statue)."
642 τὸ κακοῦργον=κακουργίαν, "mischief, trouble."
644 ἀφῃρέθη: <ἀφαιρέω, gnomic aorist, "deprive x (acc.) of y (acc.)." When the verb is passive as here, x becomes the subject, and y is the "retained" acc. (μωρίαν, here, perhaps "the effect of her foolish behavior").
645 περᾶν: <περάω, "pass, cross," here, "go"; infinitive.
646f ἄφθογγα ... δάκη θερῶν: "Speechless bites of animals," i.e., dumb beasts.
647 ἵν(α) εἶχον: "where the action of the leading clause is unfulfilled ... a dependent final clause which is itself in consquence unfulfilled takes an aor. or impf. ind.," B.
ἔχω + infinitive: "be able to ... "
649 δρῶσιν: "cannot be right: the whole point is that the women merely devise the schemes and rely on their servants to carry them out," B. But the statement may be unintentionally ironic: it is Hipp. who is bringing outside what the Nurse (!) has done (!) inside.
651 ὡς: "thus, so."
651f "You came into commerce of the inviolate bed(s) of my father," i.e., "you offered me my father's pure bed."
653 ἀγώ=ἃ ἐγώ.
ἐξομόρξομαι: "wipe off."
654 κλύζων: "dashing, splashing."

657 ἄφρακτος: "unfenced, off-guard."
658 μὴ οὔ: See on 49.
659 ἔστ(ε): "while"; supply "is."
660 σῖγα: "silently," an irregular adverb.
661 σὺν πατρὸς μολὼν ποδί: i.e., returning when my father does.
663 εἴσομαι: <οἶδα.
γεγευμένος: <γεύομαι, "taste."
664 ἐμπλησθήσομαι: <ἐμπίμπλημι, "fill up, satiate."
666 "οὖν adds to γάρ the idea of importance or essentiality," GP 446, i.e., "certainly, in truth, really."
667 νυν: See on 20.
668 ἐπεμβαίνειν: "tread on."

Hippolytus exits by a parodos.

669- Phaedra sings a stanza ("antistrophe") in responsion with
79 362-72.
670f B retains the mss. readings λόγους 670, λόγου 671.
671 σφαλεῖσαι: fem. aorist passive participle.
κάθαμμα λύειν: "(so as) to loose the knot," final-consecutive infinitive.
672 δίκας: =δίκης; gen. after τυγχάνω, "meet with, find."
673 ἐξαλύξω: <ἐξαλύσκω, "flee from" (+ acc.).
678 πέραν βίου: "across to the other side of life."
680 κατώρθωνται: <κατορθοῦμαι, "be set upright, be successful."
682 διαφθορεῦ: <διαφθορεύς, "destroyer."
683 οἷ(α) εἰργάσω (<ἐργάζομαι, second sing. aorist middle): exclamatory. The verb takes 2 acc.'s.
Zeus was the father of Minos, Phaedra's father.
684 πρόρριζον: "by the roots, utterly."
685 εἶπον + infinitive (σιγᾶν): "ordered to ... "
προυνοησάμην: <προνοέω, + gen. = "anticipate."
686 ἐφ' οἷσι: "(those things) on account of which."
κακύνομαι: "I am/feel disgraced."
688 δεῖ με: See on 23.
689 συντεθηγμένος: <συνθήγω, "sharpen."
φρένας: acc. of respect.
690 καθ': here, "against" (+ gen.).
692 πλήσει: <πίμπλημι, "fill," + gen. of material filled with.
693 χὤστις=καὶ ὅστις.
696 τὸ δάκνον: "the biting," i.e., "your pain," S 1153b.

699	ἀβουλόμην=ἁ ἐβουλόμην, "the ones I was wanting to."
700	ἦ (=ἦν): old first sing. imperfect of εἰμί.
701	πρός: + acc. "in proportion to."
702	ἦ γάρ: shows irony or surprise, "What?!".
703	τρώσασαν: <τιτρώσκω, "wound."
	συγχωρεῖν: "come to terms."
705	ἔστι: here, "it is possible." The accent depends on position: "ἔστι when initial, otherwise ἐστι," B (p. 425).
	ὥστε: unnecessary.
	σωθῆναι: <σώζω, aorist passive infinitive.
706	καὶ τὰ πρίν: internal acc. with παρῄνεσας, "your earlier advice also."
709	*The Nurse exits.*
712	ἀνθάδ'=ἃ ἐνθάδε.
713	"(By) holy Artemis."
715	ἕν: may modify εὕρημα, "one remedy," or stand alone, "one thing."
	προτρέπουσ(α) and the variant reading προστρέπουσ(α) make no sense here. B conjectures πρὸς τούτοις, "in addition to these (secrets)."
716	εὕρημα τῆς συμφορᾶς: "discovery (that will release me) from this disaster."
718	ὀνάσθαι: <ὀνίνημι, "benefit, profit."
	πρός: "in respect of, in regard to."
	πεπτωκότα: <πίπτω.
719	αἰσχυνῶ ("shame"): future (note accent).
721	αἰσχροῖς ἐπ(ὶ) ἔργοις: "in circumstances of shameful deeds" ("with dishonor done," B).
724	ἴσθι: <εἰμί.
728	χἀτέρῳ=καὶ ἑτέρῳ.
729	εἰδῇ: <οἶδα.
731	μετασχών: <μετέχω, "have a share of," + gen.
	Phaedra exits into the palace.
732–75	The chorus sings the *SECOND STASIMON*.
732	"Under the steep hiding places," i.e., "in the mountains."
733	ἵνα: "where." The optative ἐνθείη expresses a wish.
	ἀγέλῃσι ("herds," here, "flocks"): epic form.
735	ἀρθείην: <αἴρω, "lift, raise" aorist passive optative.
	ἐπί: "over" here, not "to."

736 The Eridanus is a mythical river in the west, beyond the Gulf of Venice ("Adrias' shore").
737 "They will pass over the fabulous western river Eridanos, where Phaethon, son of the Sun, crashed to earth when he drove his father's chariot across the sky ... There his sisters, the Heliades, bewailed him; they were turned into black poplars on the riverside, and their tears as they fell into the river became beads of amber," B.
739 πατρός: excised by B: it cannot go with οἶδμα since the river was not their father, nor with τάλαιναι because it is Phaethon who causes their wretchedness, not his father, nor with κόραι since '(Phaethon's) father's daughters' cannot be understood before Phaethon is mentioned while 'their father's daughters' is absurdly circular. See below on 749.
Φαέθοντος: objective gen. with οἴκτῳ, "pity for Phaethon."
δακρύων (<δάκρυον) τὰς ἠλεκτροφαεῖς αὐγάς: "their amber-shining gleams of tears, their gleaming amber tears."
742 μηλόσπορον: "apple-sown." "When the gods brought gifts to Hera at her marriage to Zeus the earth brought golden apples which she had put forth," B.
742ff "Much of the detail of this world's-end is familiar from the legend of Herakles, who went in quest of the golden apples, forced the Old Man of the Sea to show him the way, set up his pillars (at the Straits of Gibraltar) to mark the limit of sailing, and held the sky while Atlas picked the apples for him. But of the gods' garden itself we know little enough," B.
743 ἀνύσαιμι: "may I complete (my journey)."
τᾶν' ἀοιδῶν: "singers" (here, fem.), modifying the Hesperides. τᾶν=τῶν; Doric fem. gen.
744 πορφυρέας λίμνας (=λίμνης): gen. sing. with ποντομέδων.
746 κυρῶν: <κυρόω, "establish."
747 τόν=ὅν, an epic and lyric usage.
749 μελάθρων: "By the lyings of the halls of Zeus," i.e., "where Zeus lay in his halls." But B argues that since this presumably refers to the place where Zeus lay with Hera (see on 742), which was clearly outside (thus the springs and the earth producing εὐδαιμονία), the word μελάθρων should be deleted. Fortunately it occupies virtually the same metrical spot as the suspect πατρός of the strophe (see on 739). The only other change needed for the meter is σταλάσσουσιν in 738 to σταλάσσουσ'.

Euripides' Hippolytus

753 ἅ = ἥ, relative pronoun.
754 ἁλίκτυπον: "sea-thudding."
756 κακονυμφοτάταν ὄνασιν: acc. in apposition to the sentence, "a benefit most disadvantageous to the marriage, an unhappy bridal blessing."
ἦ γὰρ ... Ἀθῆνας: "for in truth from both (sides?) did the girl from the Cretan land (i.e., Phaedra) fly ill-omened to glorious Athens." But the text is in serious question, and the meaning of ἀπ' ἀμφοτέρων unclear.
759 ἔπτατο: < πέταμαι/πέτομαι, "fly"; aorist.
760 ἐκδήσαντο (< ἐκδέω, "bind to, tie to"): the subject is the crew.
Mounichos is the eponymous hero of the early Athenian harbor, Mounichia.
761 "The woven beginnings of ropes," i.e., "cable-ends."
764 οὐχ: with just ὁσίων.
ἀνθ' ὧν: "for which reason."
765 φρένας: acc. of respect with κατεκλάσθη (< κατακλάω, "break down"). See on 27.
766 δεινᾷ νόσῳ.
769 ὑπέραντλος: "waterlogged, overwhelmed."
770 ἀμφί: either goes with δείρᾳ ("neck") or is adverbial ("around her") as B argues.
772 δαίμονα: "fate" or "fortune" here.
773 ἀνθαιρουμένα (= -μένη): "choosing instead."

THIRD EPISODE.

779 ἠρτημένη: < ἀρτάω, "fasten."
780 ἀμφιδέξιον: "'ambidextrous steel' is presumably a two-edged blade," B.
782 ἤ: better ἦ (interrogative particle).
δρῶμεν (< δράω): deliberative subjunctive.
The dashes mark what the editor thinks are separate parts (see on 362-72).
784 τί δ(ε): See on 608.
785 τὸ πολλὰ πράσσειν: "meddling, interference."
οὐκ ἐν ἀσφαλεῖ βίου: "not in the safe (part) of life," i.e., dangerous.
786 ὀρθώσατ(ε) ἐκτείνοντες: B reads ἐκτείναντες: "'straighten' and 'stretch' describe the same action; therefore since the impve. is aor. so also is the part."
787 οἰκούρημα: "house-watch, house-management."

790 Theseus enters from one of the parodoi.
792 τι: indefinite, "at all."
ὡς θεωρόν: "as an ambassador (returning home)."
ἀξιοῖ: verb.
793 ἀνοίξας: <ἀνοίγνυμι, "open."
794 μῶν: "it can't be, can it, that ... ?" See on 318.
τι νέον: "something new," i.e., bad.
εἴργασται: <ἐργάζομαι; perfect passive, "has had happen."
797 τύχη=δυστυχία.
798 ἀλγυνοῦσι: future (note accent).
799 μή + interrogative: see on 318.
802 βρόχον ἀγχόνης: "a noose for hanging."
κρεμαστόν: predicative, "(so as to be) hung up, attached."
803 τινος should be accented (i.e., interrogative).
804 τοσοῦτον: "(only) so much."
806 ἀνέστεμμαι: <ἀναστέφω, "crown."
κάρα ("head"): acc. of respect.
809 θέαν: "sight" (note accent).

811 Phaedra's body is revealed, probably by means of an ekkuklema, a platform on wheels.

811– A complex lyric section, mainly dochmiacs (see on 571)
84 with occasional iambic trimeter. First the chorus sings a short lament (811–16); then Theseus sings a longer one (817–851); finally the tablet is discovered.
813 συγχέαι: <συγχέω ("confound," i.e., "destroy"); aorist infinitive active.
815 πάλαισμα: acc. in apposition to what precedes (see on 756).
818 μάκιστ'=μήκιστα, "longest," i.e., "greatest."
819 ὡς: exclamatory.
ἐπεστάθης: <ἐφίστημι, intransitive in middle/passive, "come against, come upon."
821 κατακονά: "destruction."
μὲν οὖν: rejects the suggestion ("no, rather"), GP 479.
826 τίνα λόγον τίνα τύχαν προσαυδῶν: "addressing what word (internal acc.) to what misfortune?" apparently.
827 τύχω: deliberative subjunctive, "Shall I hit the mark?"
828 ὡς: "like."
829 πήδημ(α): "leap," internal acc. with ὁρμάω, "rush"; "having hastened a leap," i.e., "having hastily leapt."
ἐς Ἅιδου: "into (the house) of Hades."

831 πρόσωθεν... ποθεν: "from long ago... from somewhere."
ἀνακομίζομαι: "take back, take up."
835 ὤλεσας (<ὄλλυμι): here, "lost."
836 τὸ κνέφας μετοικεῖν: "to take as one's new abode the darkness."
840 "In 841 metre requires only κραδίαν for καρδίαν." In 840 we need ⏑ ⏑ ⏑ – for τίνος κλύω, which is "corrupt beyond remedy," B.
843 στέγει: <στέγω, "cover."
τύραννον: with δῶμα, "royal."
844 The corresponding point of the strophe has several more words, thus the dots.
849 ἀρίστα(=-η) (πασῶν) ὁπόσας.
850 B reads φέγγος θ' ἁλίοιο (=τε ἡλίου) to give metrical corresponsion and to put the τε in the right place.
854 καταχυθέντα: <καταχέω ("pour over") aorist passive.
855 ἐπί: "in addition to, on top of."
πάλαι: "recently, just now." (B has "I have long been aquiver.")
856 ἔα: a cry of shocked surprise.
858 ἀλλ(α) ἦ: marks the idea as one suddenly realized as likely to be true, "What?!" "Why?!" (B).
λέχους: "about our marriage"; objective gen. with ἐπιστολάς.
860 οὐκ ἔστι γυνὴ ἥτις εἴσεισιν λέκτρα δῶμά τε.
862 καὶ μήν: introduces a new character or new point, "Why, look."
σφενδόνης: <σφενδόνη, "bezel of a ring, seal."
863 προσσαίνουσι: <προσσαίνω, "seek one's attention, greet."
864 φέρ(ε): "come, now, well," introducing an imperative (here, hortatory subjunctive).
ἐξελίξας: <ἐξελίσσω, "unwind."
περιβολὰς σφραγισμάτων: "twinings of the seal."
865 ἴδω: "let me see" (see on 567).
866 ἐκδοχαῖς: "in succession."
867 ἐπιφέρει: "brings against (us), inflicts."
μὲν οὖν: "nay, rather" (see on 821).
868f B finds the lines "corrupt beyond remedy."
872 πρός τινος: "from somewhere, from something." The chorus' shift to iambics perhaps reflects uneasiness with its deceptive role.
873 ὥστε: "like."

874 οἷον: "what sort!" exclamatory.
876 τί χρῆμα: little more than τί. The second τι is adverbial, "in any way, at all."
μετά=μέτεστι, "there is a share of."
877 ἄλαστα: here, "insufferable, dire."
878 ἀπό ... ὀλόμενος: <ἀπόλλυμι (tmesis).
879 γραφαῖς: instrumental dat. with φθεγγόμενον, "giving utterance by means of writing."
881 ἀρχηγόν: predicative, "(which is) a beginning."
882 μέν: emphatic, not answered by a δέ; it need not be translated (GP 364).
885 θιγεῖν: <θιγγάνω, "touch" (+ gen.).
888 ὑπέσχου: <ὑπισχνέομαι, "promise," aorist.
κατέργασαι: <κατεργάζομαι, "destroy," 2nd aorist imperative.
890 σαφεῖς: "sure, certain"; predicative.
891 πάλιν: "(taking it) back."
892 γνώσῃ: <γιγνώσκω, "know that" (+ participle).
αὖθις: "later."
ἀμπλακών: "sinning, erring."
893 οὐκ ἔστι: "Impossible!"
πρός: adverbial, "in addition."
ἐξελῶ: <ἐξελαύνω, "banish"; future.
σφε=αὐτόν.
894 θατέρᾳ (=τῇ ἑτέρᾳ): "(one or) the other, one (of two)."
899 καὶ μήν: See on 862.
ὅδ(ε): "here."
πάρα=πάρεστι.
900 ἐξανείς: <ἐξανίημι, "relax from" (+ gen.); aorist.
901 βούλευσαι: middle imperative.

Hippolytus enters from a parodos, accompanied by a band of friends.

907 ἔλειπον: imperfect "because Hipp. is picturing the scene to himself," B.
908 "At a not yet old time," i.e., recently.
909 πάσχει, διόλλυται: historic presents.
911 B's question-mark after σιγᾷς is preferable.
913 λίχνος: "greedy."
915 κρύπτειν + two acc.'s, "hide x from y."
916 μάτην: "(acting) in vain."

920 φρονεῖν ... οἷσιν: "to teach to think (those) in whom ... "
923 γάρ: "since."
ἐν δέοντι: "at the appropriate time."
λεπτουργεῖς: "do fine work, quibble."
924 ὑπερβάλῃ (<ὑπερβάλλω): intransitive here, "exceed the limits, go too far."
κακοῖς: either causal ("because of evils") or circumstantial ("in evils").
927 ὅστις ... φίλος: The indirect question depends on the verbal idea inherent in τεκμήριον and διάγνωσιν, "(to enable one to distinguish) who ... "
929 "The as-it-happened (voice)," "whatever voice one happened to have," i.e., one's normal voice.
930 For ὡς (=ἵνα) + imperfect (ἐξηλέγχετο <ἐξελέγχω, "test, refute, convict") in purpose clause, see on 647.
931 πρός + gen.: "at the hands of."
ἂν ἠπατώμεθα (<ἀπατάω, "deceive"): Since the negative is οὐ and since a contrary-to-fact purpose clause does not have an ἄν (S 2185c n.1), this must be an independent statement, "then we won't be deceived."
932 ἀλλ(ὰ) ἦ: "Why?!" "What?!" (see on 858).
οὖς: "ear" (note breathing).
διαβαλὼν ἔχει: periphrasis for the perfect.
934 σοί: <σός, not σύ.
935 παραλλάσσοντες: intransitive here, "going astray."
936 βροτείας: with φρενός.
938 κατ' ἀνδρὸς βίοτον: either "in the course of a man's lifetime" or "from generation to generation."
ἐξογκώσεται: <ἐξογκόω, "make swell," fut. middle for passive. τόλμη and θράσος are subjects.
939 εἰς ὑπερβολὴν τοῦ πρόσθεν.
940 θεοῖσι: δεῖ (δεήσει) normally takes acc. and infinitive but at times (as here) dat. and infinitive (χρή never does).
941 χωρήσεται: <χωρέω, here, "contain"; future active, middle in form.
944 ἐξελέγχεται ὤν: "is convicted of being, is proved to be."
946 δεῖξον: "show, I dare you."
948 περισσός: "superior."
949 ξύνει: See on 17.
951 φρονεῖν κακῶς: final-consecutive infinitive, "so as to think badly."

952 The daggers (marking corruption) are unnecessary: "Feel proud (αὔχει, <αὐχέω) now (ἤδη) and through your soulless (i.e., vegetarian) food market your wares with your food," i.e., "show off with your vegetarian diet." "Orphics, with their peculiar beliefs and practices, are the notorious ascetics of the 5th cent., and in the eyes of the conventional plain man notorious impostors too," B. Orphics were vegetarians.
953 ἄνακτ(α): <ἄναξ.
955 ἐπεί: "for."
ἐλήφθης: <λαμβάνω.
962 μισεῖν: infinitive of the imperfect, "that she always hated."
δή: implies that what follows is false, "to be sure" (GP 233).
965 δυσμενείᾳ σῇ: "in hatred of you"; the possessive adjective functions like an objective gen.
966 ἀλλ(ά): "or" (GP 9).
ὡς: "(will you say) that .. "
970 προσκείμενον: "belonging to (them)." Because they are male, they get away with it.
971 ταῦτα: "in this way," inner acc.
973 ἔξερρε: <ἐξέρρω, "get out."
φυγάς: nom., "(as) an exile."
976 ἡσσηθήσομαι: <ἡσσάομαι, "be defeated by" (+ gen.).
977ff Sinis and Sciron were two murderous robbers killed by Theseus. Sinis used to propel the unwary traveler into space by means of a pine tree while Sciron kicked him over a cliff (the "rocks" of 979) into the sea.
978 "(He will say) that I boast in vain."
979 σύννομοι: "partners," governing θαλάσσῃ.
983 ξύστασις (=σύστασις): "composition" (see *Timaeus*, 36d9, so LSJ).
985 διαπτύξειεν: <διαπτύσσω, "unfold."
988 ἔχει μοῖραν: "is fair."
992 ὅθεν μ' ὑπῆλθες: "from that place (at which) you launched your surprise attack on me."
993 κοὐκ makes διαφθερῶν and ἀντιλέξοντ(α) parallel: "(expecting) that you would destroy me and I would not reply." B prefers simple οὐκ: "without my being able to reply."
995 οὐδ(ε) ἤν (=ἐάν): "not even if ever you do deny it."
996 πρῶτα=πρῶτον, adverbial.

Euripides' Hippolytus 37

998 αἰδὼς μήτ(ε): "the sense of decency, not to either..."
ἐπαγγέλλειν: "command" here, rather than "proclaim, denounce."
999 ἀνθυπουργεῖν: "do (a service) in return."
τοῖσι χρωμένοις: "friends."
1001 ἀλλ(α) ... φίλοις: "but (I am) the same towards friends not being present as (καί) when I am near them."
1003 ἐς τόδ(ε) ἡμέρας: "to this (part) of the day," i.e., until this very moment.
1007 καὶ δή: "suppose that..." (GP 253).
ἴτω (<εἶμι): "let it go, forget it, OK."
1008 τῷ=τίνι, interrogative.
διεφθάρην: <διαφθείρω.
1009 ἐκαλλιστεύετο:"excelled in beauty, was most beautiful."
1011 ἔγκληρον εὐνήν: "marriage with an heiress." "In Attic law a widow was never ἐπίκληρος: a man's property went to his legitimate children ... and failing these to other blood relations. But in the heroic world marriage with a royal widow may well be a step to her husband's position (Aigisthos, Oedipus)," B.
1012 ἆρ(α): for ἄρα ("therefore"), GP 44.
μὲν οὖν: corrective, "no, rather."
οὐδαμοῦ φρενῶν: "nowhere of mind," i.e., "out of my mind."
1014 διέφθορεν: <διαφθείρω, perfect; the subject is μοναρχία.
1016 ἀγῶνας: internal acc. with κρατεῖν, "win contests."
1019 πράσσειν: here, "exercise political power."
1020 τῆς τυραννίδος: gen. of comparison.
1022 Either "a witness such as I am myself" or "a witness as to what sort of man I am." "The second alternative is certainly right: Hipp.'s trouble is not that his μάρτυρες are not virtuous enough but that he has no witnesses," B.
1023 τῆσδ(ε) ὁρώσης φέγγος: gen. absolute, referring to Phaedra.
1025 Ζῆνα: "(by) Zeus."
1028 τἄρ'=τοι ἄρα.
1035 ἔχοντες (σωφρονεῖν): "being able to be virtuous."
1036 αἰτίας ἀποστροφήν: "rebuttal of the charge."
1039 εὐοργησίᾳ: "good temper, equanimity," instrumental dat.
1041 θαυμάζω: "marvel at x (gen.) for y (acc.)."
1044 ἠξίουν: <ἀξιόω, here, apparently "think."
1045 ἄξιον: "worthy (of you)."

1049 B keeps the order of lines transmitted in the manuscripts and deletes only 1050, following the scholiast ("many texts are without this line"). τόνδε νόμον (1046) then refers to 1043, not 1029.
1054 ὡς ἐχθαίρω: "so I detest," i.e., "such is my detestation."
1057 κλῆρον ("lot"): alludes to H.'s suggestion of recourse to seers. Seers practiced divination by lot; they also observed the behavior of birds (1058-59).
1059 ὄρνις=ὄρνιθας, acc. plural.
πολλὰ χαίρειν λέγω: see on 113.
1061 ὅστις γε: causal, "since I."
1062 πάντως: "in any case."
1065 εἲ: <εἰμι.
1068 λυμεῶνας: "defilers."
1069 ξυνοικούρους κακῶν: "fellow-house-guards of evils," i.e., "ones who join in destroying a house."
1073 ὅτ(ε): ὅτι never elides.
1074 εἴθε: See on 230.
1076 μάρτυρας: predicative, as the article shows, "as witnesses."
1078 εἴθ' ἦν: "if only it were possible."
1079 ὡς (=ἵνα) ἐδάκρυσ(α): See on 647.
1080 ἤσκησας: <ἀσκέω, "make a practice of," governing σέβειν, δρᾶν.
1085 ξενοῦσθαι τόνδε: "that this one be made a foreigner" depends on προυννέποντα (<προ-εννέπω, "proclaim").
1086 κλαίων . . . τεθίξεται (future perfect middle of θιγγάνω): "lamenting will anyone touch me," i.e., "anyone who touches me will be sorry."
1089 φυγῆς: objective gen. with οἶκτος.
ὑπέρχεται: "come upon, beguile."
1090 ἄραρεν: perfect of ἀραρίσκω ("fasten, fit"), "it is settled."
1091 ὡς: "since."
1092 Λητοῦς: See on 65.
1093 σύνθακε: <σύνθακος, "partner."
1094 χαιρέτω: 3rd pers. imperative, "let the city farewell," i.e., "farewell to the city."
1096 ὡς: "how," exclamatory with πολλά.
ἐγκαθηβᾶν (<ἐγκαθηβάω, "be young in"): final-consecutive infinitive, complements πολλ(ὰ) εὐδαίμονα, "(for) passing one's youth."
1098 Evidently Hippolytus is followed, as in the prologue, by a band of attendants (here friends, there servants).

1099 προσείπαθ' = προσείπατε, "address (farewell to)."
1100 ὡς: "since, for."
1101 Hippolytus and his friends exit by a parodos. Theseus exits into the palace. The chorus sings the THIRD STASIMON.
The mixture of masc. participles (κεύθων 1105, λεύσσων 1107, λεύσσων 1120) and fem. participles (εὐξαμένᾳ = -μένῃ 1111, μεταβαλλομένα = -μένη 1117) has led a few scholars (including Murray) to assume two choruses are singing here, since all the masc. participles are in strophes and the fem. in antistrophes but (1) who sings the final stanza? (2) where did these men come from and who are they (Murray assumes they are his hunting companions—but don't they leave with him at 1101? B is baffled.
1104 μέγα: adverbial, "greatly."
μελεδήμαθ': "care, concern."
1105 "Hiding some understanding in hope," i.e., "hiding some hope of understanding"; the participle is concessive.
1106 λείπομαι: "I fall short (of it)."
1109 ἄλλα ἄλλοθεν: "(some from one source) others from another."
μετὰ ... ἵσταται: <μεθίστημι, "change, remove," tmesis.
1115 δόξα: "thoughts."
παράσημος: "falsely stamped, counterfeit."
1116 "Changing easy (adaptable) natures for tomorrow's time."
1122 Ἑλλανίας ... Ἀθήνας: It is unclear why Athena (i.e., Athens?) is called "Hellenic."
1124 ἐκ: "as a result of."
1126 πολιήτιδος ἀκτᾶς (=ἀκτῆς): "of the fellow-citizen shore," i.e., "of the city's shore."
1129 ἔναιρεν: <ἐναίρω, "kill."
1130 ἀμφί: "in the company of, with" here.
1131 Ἐνετᾶν: Doric fem. gen. pl. (see 231).
ἐπιβάσῃ: apostrophizing Hippolytus.
1133f "Holding the running (i.e., course) about the Limne."
1135 ἄντυγι: <ἄντυξ, usually "rim of a chariot," here, "frame of a lyre."
χορδᾶν (=χορδῶν): <χορδή, "string."
1140 ἀπόλωλε: "is lost"; see on 368.
1143 διοίσω: <διαφέρω, "bear through, endure."
1145 ἀνόνατα: <ἀνόνητος, "profitless," internal acc.
1146 μανίω: <μηνίω, "be angry at, rage at."

1148 συζύγιαι: not found elsewhere; the common σύζυγος ("yoked-together") is often used of married couples, but συζυγίαν has just been used of horses and both strands of imagery seem latent here.

1149 ἄτας (=ἄτης): gen. after αἴτιον, "reponsible for the calamity."

1151 A messenger enters from a parodos.

1156 Theseus enters from the palace.

1160 νεωτέρα: "upsetting" (see on 794).

1162 ὡς εἰπεῖν ἔπος: "so to speak, virtually."

1163 δέδορκε: < δέρκομαι, "see"; perfect with present meaning. "In small balance," i.e., "for the moment, with precarious equilibrium" (so B).

1164 πρὸς τοῦ (=τίνος): "at whose hands?" as though οὐκέτ' ἔστιν were "has been killed."
δι(ά): + gen. with verb of motion, "enter into state of ..."
μῶν: here, the apprehension (see on 318) is bitterly ironic.

1165 ὡς πατρός: "as (he did) his father's."
βίᾳ: "violently, forcibly," with κατῄσχυνε.

1166 ἁρμάτων ὄχος: "chariot of chariots," i.e., "team of horses" (see 1229, 1355 for ὄχος).

1168 ἠράσω: < ἀράομαι, "curse"

1169 ἄρ(α): See on 359.

1171 πῶς καί: "just how ... ?"

1172 ῥόπτρον: "club." (See *American Journal of Philology* 1969. 437.)

1174 ψήκτραισιν: "scrapers."
ἐκτενίζομεν: < κτενίζω, "comb."

1176 ἀναστρέψοι: The future optative stands for a future indicative of direct discourse.

1178 ὅ: demonstrative, "he."

1179 ἡμῖν does not go with ταὐτόν but is dat. of interest.
"A myriad attendant gathering of friends," i.e., "a gathering of thousands of friends in attendance."

1182 ταῦτ(α): internal acc., "in this way."
ἀλύω: here, "wander (in one's wits), rave."
πειστέον: < πείθω, "one must obey."

1183 ἐντύναθ': "fit x (acc.) to y (dat.)," aorist.

1184 πόλις: predicative, "no longer is this my city."

1185 μέντοι: progressive, "then" (GP 406).
1186 λέγοι: ἄν is lacking but the optative is potential; this is common in epic.
ἐξηρτυμένας: <ἐξαρτύω, "fasten, fit"; perfect passive participle.
1189 αὐταῖσιν ἀρβύλαισιν: "right into the footstalls" (B).
1194 κἂν τῷδ' = καὶ ἐν τῷδε, "and at this."
ἐπῆγε: inceptive imperfect, "began to ... "
1195 πώλοις: governed by ἐπῆγε κέντρον ("lay the lash on").
ὁμάρτῇ: "simultaneously"; Hippolytus whips all the horses at the same time.
1197 εὐθύς = εὐθύ: "straight toward" (+ gen.).
κἀπιδαυρίας = καὶ Ἐπιδαυρίας.
1198 εἰσεβάλλομεν: "come upon, make an inroad into."
1199 τοὐπέκεινα = τὸ ἐπέκεινα, "beyond" + gen.
1200 ἤδη: contrasts the Saronic Gulf with the sea along which they have been journeying (B).
1203 κρᾶτ(α): <κράς, "head."
1204 νεανικός: "of a young man," i.e., "powerful."
1205 The optative stands for indicative of direct discourse.
1207 οὐρανῷ στηρίζον: "fixed in heaven," i.e., "rising up to heaven."
ἀφῃρέθη: See on 644. Here the "retained acc." is εἰσορᾶν.
1210 ἀνοιδῆσαν: <ἀνοιδέω, "swell up"; neuter participle.
1211 "Plashing much foam all round with a blowing of the sea."
1212 οὗ: "where."
1213 τρικυμίᾳ: Greeks believed the third wave to be the largest.
1215 οὗ (i.e., τοῦ ταύρου): dependent on φθέγματος.
1216 φρικῶδες ("bristling"): internal acc. with ἀντεφθέγγετο, "gave a hair-raising answering (ἀντι-) roar."
εἰσορῶσι (ἡμῖν).
1220 ξυνοικῶν: <συνοικέω, "live with," i.e., "be familiar with."
1222 Either (a) "letting his body hang backward on the thongs" (B) or (b) "He drags (the horses) ... by means of reins backwards, fastening his body (to them)" (presumably wrapping them around his wrists).
1223 αἵ: "they," i.e., the horses.
1224 φέροισιν (αὐτόν).
1226 μεταστρέφουσαι: + gen., "turning with, heeding."
εἰ: + optative in a past general clause, "every time he steered ... ," S 2340.
1230 φρένας: acc. of respect, "in their minds."

1232 ἔσφηλε: Understand "chariot" as object.
1233 ἀψῖδα: <ἀψίς, "felloe" (the outer rim of the wheel).
1234 σύρρυγγες: "hubs" (or the holes therein).
1235 ἐπήδων: <πηδάω, "leap up."
ἀξόνων ἐνήλατα: "linchpins of the axles."
1236 ἐμπλακείς: <ἐμπλέκω, "weave in, implicate"; aorist passive participle.
1237 δεσμὸν ... δεθείς (<δέω "bind"): "bound with a bond" (internal acc.).
δυσεξήνυστον: "hard to finish"; B reads δυσεξέλικτον, "hard to unravel."
1238 σποδούμενος (<σποδέω, "pound, smite") may be either middle or passive; B prefers the former, "smashing his own [φίλον] head," parallel to θραύων.
1240 τεθραμμέναι: <τρέφω, "rear, nourish."
1241 ἐξαλείψητ(ε): <ἐξαλείφω, "wipe out, destroy."
1244 χώ=καὶ ὅ ("he").
1245 οὐ κάτοιδ(α) ὅτῳ τρόπῳ: parenthetical.
1247 ἔκρυφθεν: <κρύπτω, "hide"; epic third plural of the aorist passive, "had disappeared."
1248 ὅποι χθονός: "to what part of the land (they went)."
1251 "Your son that he is ... ," i.e., "that your son is."
1253 πλήσειε: <πίμπλημι, "fill."
1254 τὴν ... πεύκην: "the pine tree," i.e., all pine trees.
Ida is a mountain in either Troy (so B) or Crete.
1255 κέκρανται: <κραίνω, "accomplish, complete"; third sing. perfect passive.
1256 τοῦ χρεών ("necessity"): parallel to and hardly distinguishable from μοίρας.
1257 μίσει: <τὸ μῖσος, "hatred."
1258 ἥσθην: <ἥδομαι, "take pleasure in" (+ dat.).
1261 (χρὴ ἡμᾶς) κομίζειν.
1266 τἄμ'=τὰ ἐμά.
μή: This redundant negative is common after negative verbs of saying.
χρᾶναι: <χραίνω, "stain."
1268–82 This very short astrophic lyric is preceded by an exit and followed by an entrance and so may have had the same effect as the usual choral song. Artemis' entrance then will have been sooner than expected.
1269 σύν: adverbial, "in company (with you)."

1270 ἀμφιβαλών ("having surrounded") seems to be a hunting image; its subject is Eros and object is φρένα (or gods and men).
1273 ἐπί: governs both γαῖαν and πόντον.
1274 ᾧ: "(him) whose ... " Dat. of (dis-)advantage is often best translated as possessive gen., S 1481.
1275 ἐφορμάσῃ: <ἐφορμάω, "rush upon, attack" (+ dat.). The ἄν is left out.
1279 τά=ἅ (see on 747). The reading of most manuscripts ἅλιος αἰθόμενος is better sense but poor meter and requires transposing the two words (so B).
1281 κρατύνεις: here, takes both a gen. (τῶνδε) and internal acc. (βασιληίδα τιμάν), "hold power of royal office."
1283-95 Recitative anapests (see on 170).

Artemis appears at a height, probably by means of the mechane.

1283 Αἰγέως: Theseus has a double paternity: his father is Poseidon where the curse is in question, but here, in accordance with Athenian legend, his father is Aegeus, i.e., of Athens.
1286 συνήδῃ: <συνήδομαι, "take pleasure in."
1288 πεισθεὶς ἀφανῆ: "persuaded of unclear things."
1289 ἔσχεθες=ἔσχες (<ἔχω), poetic.
1290 γῆς τάρταρα: "Tartarus."
1292 βίοτον: acc. of respect with μεταβάς (<μεταβαίνω, "turn round, change course").
1298 ἐς τόδ(ε): "for this purpose."
1299 ὡς=ἵνα.
ὑπ(ο): "in."
1300 τρόπον τινά: adverbial, "in a way."
1301 τῆς ἐχθιστῆς: governed by κέντροις.
1303 δηχθεῖσα: <δάκνω, "bite."
1307 ὥσπερ ... δίκαιος: "could only mean, absurdly, 'as if he was righteous,'" B, who reads οὖν ... δίκαιον, "even as was right."
1308 ἐφέσπετο: <ἐφέπομαι, "follow" (+ dat.).
1316 παρεῖλες: <παραιρέω, "take from."
1317 ἐξόν: <ἔξεστι, acc. absolute (as always with impersonal verbs), "it being possible."
1319 ᾔνεσεν: <αἰνέω, "praise, consent, agree."

1320 ἐν: "in the case of," i.e., "by, against," B.
1322 χρόνῳ: The personification recalls 430 as well as 1051.
1323 σκέψιν παρέσχες: "allowed inquiry."
1326 καί: with τῶνδε.
1327 ὥστε: unnecessary (see on 705).
1329 ἀπαντᾶν: <ἀπαντάω, "oppose" (+ dat.).
1335 ἐκλύει: <ἐκλύω.
 κακῆς: noun.
1336 ἀνήλωσεν: <ἀναλίσκω, "use up, spend," i.e., "do away with."
1338 ἔρρωγεν (perfect of ῥήγνυμι) σοί: "burst upon you."
1340 μήν: adversative here, "but" (GP 348).
1341 αὐτοῖς τέκνοισι καὶ δόμοις: "with their very children and houses," i.e., "children and house and all" ("the idea of accompaniment is often expressed by αὐτός joined to the dative," S 1525).
1342- Anapests.
69

Hippolytus enters from a parodos, supported by his servants.

1345 οἷον: exclamatory, modifying πένθος.
 ἐκράνθη: <κραίνω, "accomplish."
1349 χρησμοῖς: "oracles," here, meaning Theseus' curse (which Hippolytus seems to know about, cf. 1241). Theseus has rejected oracles for the oracle-like tablet of Phaedra (1055 ff; oracles were brought from Delphi on sealed tablets).
1352 σφάκελος: "spasm."
1353 σχές: <ἔχω, intransitive, "ward, hold off."
 ἀπειρηκός: <ἀπεῖπον, intransitive, "give out (from exhaustion), be worn out"; neuter perfect participle.
 ἀναπαύσω: hortatory subjunctive.
1357 διά ... ἔφθειρας=διέφθειρας (<διαφθείρω, "destroy"), tmesis. So κατά ... ἔκτεινας.
1358 ἀτρέμας: "gently."
1360 δεξιά=ἐπὶ δεξιά, "on the right"; neuter pl. (short alpha).
1361 πρόσφορα: inner acc., "fitly."
 σύντονα ("intently, earnestly"): "they must tense their muscles so as to move him firmly and smoothly," B.
1364 ὅδ(ε): "here."
1365 ὑπερσχών (<ὑπερέχω, "surpass"): "aor. because he is looking back on his life as already over," B.

Euripides' Hippolytus   45

1366   προὖπτον = προ-όπτον, "before-seen, manifest."
        κατ' ἄκρας: "from top to bottom, totally."
1370-   Lyric anapests followed by lyric iambics. "A fresh and more
88   violent access of pain (1370 f.) brings a change to lyric
        metre, the natural vehicle for violent emotion," B.
1373   Παιάν: "the healer."
1374   προσαπόλλυτ(ε): "in addition (to the pain) destroy," i.e.,
        "join pain to death by destroying"; imperative.
1375   ἀμφιτόμου λόγχας: "a cutting on both sides spearpoint,"
        i.e., a two-edged sword.
1377   διά ... εὐνᾶσαι = διεύνασαι (<εὐνάζω, "put to bed"), fi-
        nal-consecutive infinitive.
1379f   All the gen.'s depend on κακόν. B reads συγγόνον for
        συγγόνων: "one's σύγγονοι are not one's ancestors but
        those with whom one has ancestors in common."
1380   ἐξορίζεται: "the taint ... is no longer staying within the
        boundary (ὅρος)."
1382   οὐδὲ μέλλει "is extraordinary sense (of a κακόν assumed to
        have been quiescent for generations) and no metre," B. He
        reads οὔδε μένει.
        τί: the interrogative is delayed as in 519.
1385   ἀναλγήτου ("painless") makes no sense. B reads ἀναλγη-
        τόν, proleptic, "so that it (my life) be painless."
1389f   Should probably be given to the chorus (M.W.H.).
        συνεζύγης: <συζεύγνυμι, "yoke together"; aorist passive.
1401   φρονῶ δαίμονα: "I realize that (it was) a god."
1402   τιμῆς: gen. of cause; "for the esteem (you did not give)."
        ἤχθετο: <ἄχθομαι, "be burdened by, vexed at."
1403   ᾔσθημαι: <αἰσθάνομαι.
1404   γε: "yes."
        ξυνάορον = συνάορον, "his wife".
1405   ὤμωξα: <οἰμώζω, "lament, bewail"; for the aorist see on
        614.
1406   ἐξηπατήθη: <ἐξαπατάω, "deceive."
1410   εἰ γάρ: "if only."
1412   ὡς: See on 407.
        ὤφελ(ε) (<ὀφείλω) + infinitive expresses an impossible
        wish for the past, "if only, (it had never come)."
1413   ὡς: "so (greatly) ... "
1414   ἦμεν ἐσφαλμένοι: (<σφάλλω); perfect passive, + gen.
        "we have slipped from, failed to achieve."
1415   ἀραῖον: must be active, "able to curse, bringing trouble to."

1416f "Not even under the darkness of the earth will the anger of the goddess Kypris from her desire/zeal swoop down upon your body unavenged," i.e., the anger that has destroyed you will be punished even though you're in Hades.
1419 χάριν: "for the sake of" (+ gen.).
1420 αὐτῆς ἄλλον: "another, one of hers."
1425 γαμῶν πάρος, "before marriage."
1426 κεροῦνται: <κείρω, "cut."
1429 ἀνώνυμος: predicative, "so that it is nameless, unknown."
1436 ἔχεις: "understand" or "have (met with) ... " (B).
1439 *Artemis exits.*
1448 ἄναγνον: predicative, "leaving my hand unholy."
The manuscript variant φρένα for χέρα is interesting in light of 317, but B is probably right to conclude that φρένα is probably "a pedantic correction by someone concerned to insist that Th. had not killed him with his own hand."
1456 νυν: See on 20; very common with imperatives.
1457 κεκαρτέρηται (<καρτερέω, "be steadfast, hold up") τἄμ(α): "my enduring is done," B.
1459 κλεῖν(α) does not fit with 'Αθῆναι. The variant reading 'Αθηνῶν makes little sense, "bounds of Athens and Pallas."
1460 στερήσεσθ(ε): <στερέω, "lose, be deprived of" (+ gen.); here, "lack" since he is already dead.
1461 μεμνήσομαι: <μιμνήσκομαι, "remember" (+ gen.).
1466 μᾶλλον goes with either κατέχουσιν ("tales about the great worthy of grief are more prevalent") or ἀξιοπενθεῖς ("tales about the great are more worthy of grief").